은퇴 후에는
재미있게 살기로 결심했다

은퇴 후에는
재미있게 살기로
결심했다

서병철 지음

고민하는 4050을 위한
은퇴의 기술 39

두드림미디어

익숙했던 30년 vs 재미있는 2년

은퇴 후 내 일상의 작은 기적이 일어났다. 오전 6시 30분. 알람 소리 없이 매일 눈을 뜬다. 곧바로 서재에서 2~3시간 동안 글을 쓴다. 아침이 즐겁다.

"아빠, 대단하다."

딸의 칭찬이 이어진다. 과연 은퇴 후 2년 동안 무슨 일이 일어난 걸까. 좋아하던 취미를 즐기다가 진정으로 하고 싶은 일을 찾았다. 하고 싶은 일이 일상의 루틴이 되고, 오직 하나에 몰입했다. 감사하게도 그토록 원했던 책을 출판하게 된 것이다. 책을 쓰고 세상과 소통하고자 하는 내 꿈의 첫걸음이다. 익숙했던 30년지기인 직장과 헤어진 후, 재미라는 새로운 친구를 만나서 2년 동안 사귄 성과다.

바야흐로 은퇴 전성시대다. 아니 은퇴를 준비해야만 하는 시대, 국민 모두가 긴 은퇴 시간을 보내야 하는 시대가 되었다. 은퇴라는 단어만으로 재정적 불안, 외로움, 건강 쇠퇴 등을 떠올리며 부정적인 인식이 여전히 강하다. '은퇴 준비를 해야 하는데'라고 마음속으로 다짐하지만, 현실은 만만치 않다. 가족의 생계를 위해,

자식들의 학원비, 등록금까지는 책임져야 한다는 의무감이 무겁게 짓누른다. 열심히 살아온 자신에게 '너 너무 잘했어'라고 칭찬할 여유조차 없다. 머지 않아 편안함에 안주해서 변화를 선택하지 않은 것을 후회할지 모른다. 미리 준비하되 조금 빠르게 결단을 내려야 하는 이유다.

이 책은 은퇴 전에 은퇴 이후를 잘 보낼 수 있는 준비법과 은퇴 후 잘 보낼 수 있는 방법론을 함께 다루고 있다. 하고 싶은 일, 재미 추구, 좋은 인간관계 형성, 꾸준한 건강수명 관리, 경제적 자유를 위한 경제력, 즉 인생 설계 5개 영역을 모두 포함했다. 새로운 시도와 변화에 빨리 적응하기 위해 나는 조기 은퇴 후 2년 동안 스스로 질문하고 답하고 꾸준히 시도했다. 시도하면서 겪은 경험과 조사 분석한 전문가들의 견해를 토대로, 성공적인 은퇴 생활에 대한 노하우(Know-how)를 담았다. 은퇴를 고려하고 있거나 준비하는 분들이 은퇴 준비에 필요한 요소들을 파악하고 실현 가능한 방법을 제시하고자 했다.

이 책을 읽으면 좋은 점은 첫째, '재미있는 은퇴 준비'가 가능하다. 은퇴 후 남은 약 29만 시간을 어떻게 보낼 것인가? 여행과 취미만으로 재미있고 성공적인 은퇴 생활이 가능할까? 다양한 재미가 필요하지 않을까? 은퇴 후 자유 시간은 재미를 누릴 수 있는 절호의 기회다. 자기에게 맞는 재미를 찾는 순간, 은퇴 후 삶이 달라진다. 재미를 즐기다 보면 진정으로 하고 싶은 일을 찾을 수 있다. 또한 시도하고 스스로 질문하고 답하면서 자신을 찾고, 일상에서 자신의 세계를 만드는 기쁨도 누리게 된다. 재미의 세계가 넓으면 운명의 지배를 덜 받고, 자신만의 행복한 인생을 즐길 수 있다.

둘째, '해야 할 일'과 결별하고 '진정으로 하고 싶은 일'을 찾는 방법을 알게 된다. 기존에 해오던 한 가지 일로 평생을 사는 시대는 이미 지났다. 자기가 열정적으로 좋아하는 분야의 일을 직업으로 삼는 '덕업일치', 'N잡러' 시대다. 하고 싶은 일을 찾으려면 먼저 자신에게 세 가지 질문을 던져라. '가장 좋아했던 것은 무엇인가?', '현재 좋아하는 것 중 가장 애착이 가는 것이 무엇인가?', '앞으로 하고 싶은 것이 무엇인가?' 답을 찾는 과정에서 그동안 소홀히 대했던 자기 자신을 찾을 수 있다. 또한 좋아하는 재미에 꾸준한 시간을 투자해 하고 싶은 일로 전환되는 시기가 올 것이다. 멘토를 만나서 도움을 받거나, 적극적으로 소셜미디어를 활용하면 더 효과적이다. 진정으로 하고 싶은 일을 찾은 이후로 삶은 단단해지고 가치도 생긴다.

셋째, '정통 직장인 출신의 실질적인 은퇴 실천 방법'이 자극이 되고 용기를 얻을 수 있을 것이다. 나는 30년 동안 대기업의 일반 신입사원에서 시작해 다국적 기업의 전무까지 역임했다. 즉 직장인의 바닥부터 천장까지 경험한 직장인의 삶을 뼛속까지 이해하고 공감하는 정통 직장인이다. 따라서 직장인들의 은퇴에 대한 고민, 눈높이, 관점을 이해하고 있으며, 그 힘을 바탕으로 이 책을 쓰게 되었다. 나의 이야기가 은퇴를 준비하는 많은 사람에게 긍정적인 자극이 되고 용기를 주기를 희망한다.

"은퇴 전에는 열심히 일만 했다면, 은퇴 이후에는 진짜 재미있게 신명 나게 살아보자"라고 이야기하고 싶다. 이것이 단순한 바람이 아닌 진짜 삶으로 구현할 수 있음을 이 책을 통해 보여주고자 한다. 한국의 직장인, 그들을 위한 진짜 은퇴 준비서와 은퇴 생활의 유쾌, 상쾌, 통쾌한 방법서가 되면 좋겠다. 이 책이 은퇴를 미리 준비하고자 하는 사람들과 은퇴한 사람들에게 진정으로 가고 싶은 길을 찾아가는 나침반 역할을 할 수 있기를 바란다. 또한 일상에서 자신의 세계를 개척하는 기쁨과 감동을 함께 나누기를 원한다. 하고 싶은 일을 하면서 평생 현역으로 즐거운 인생을 살아가고자 하는 사람이 많아지기를 바란다.

부족한 글을 인정해주시고 책으로 세상에 나오게 해준 출판사 두드림미디어 분들께 감사의 마음을 전한다. 항상 격려와 용기를 준 아내와 두 딸에게 감사하고, 이 책을 출간하기까지 많은 격려와 도움을 주신 모든 분께 머리 숙여 진심으로 감사드린다.

서병철 재미있는 은퇴연구소
서병철 드림

차례

Part 1.
은퇴 후에는 재미있는 일, 진정으로 하고 싶은 일을 해야 한다

Part 2.

은퇴 후 건강한 생산자로 사는 법

Part 3.

관계 : 은퇴 후 부부·자녀·친구 관계 잘 만드는 법

Part **1**

은퇴 후에는
재미있는 일,
진정으로 하고 싶은 일을
해야 한다

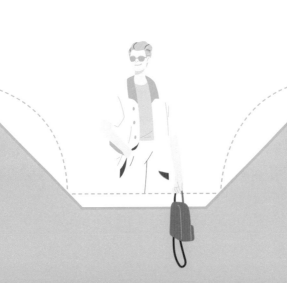

자기에게 맞는 재미를 찾으면
은퇴 후 삶이 달라진다

"내가 관심이 있는 것이 뭔지 모르겠어. 나 컨설팅 좀 해주라."

대기업 임원으로 퇴직한 지 얼마 안 된 친구가 최근 결혼식장에서 만났을 때 말을 건넸다. 퇴직한 다른 친구도 주로 집에서 TV를 껴안고 살고 있다며 무료하다고 하소연했다. 둘 다 30년간 직장 생활을 충실하게 했던 50대 가장이다. 문득 나의 은퇴 직후 모습이 떠올랐다. 은퇴자 누구에게나 어김없이 가장 먼저 찾아오는 과제가 바로 '내가 뭘 좋아하지' 하는 물음이다. 그래서 은퇴 전과 후에 있었던 내 경험을 바탕으로 좋아하고, 재미있는 것을 찾는 방법을 이야기해보려고 한다.

자기에게 맞는 재미를 찾으면 좋은 이유

사람들은 여가 활동을 통해 즐거움과 재미를 얻는다. 여가란 '직업상의 일, 필수적인 가사 일 등과 같은 의무적인 활동 이외에 스포츠, 취미, 휴식 등에 할애되는 개인이 자기 뜻대로 자유롭게

이용하는 시간'을 의미한다. 문화체육관광부에서 발간한 〈2022
년 국민 여가 활동 조사〉에 따르면 50대는 여가 활동의 주된 목적
으로 '개인의 즐거움을 위해(35.0%)'라는 답의 비율이 가장 높았
다. '마음의 안정과 휴식을 위해(20.9%)', '건강을 위해(11.3%)'가
2, 3위를 차지했다. '스트레스 해소를 위해(10.6%)', '자기만족을
위해(9.2%)', '시간을 보내기 위해(3.7%)'라는 기타 응답도 있었다.

자기에게 맞는 재미를 찾으면 무엇이 좋아질까. 첫째, 삶의 활
력소가 된다. 일 중심으로 살다가 은퇴하는 순간부터 갑자기 주어
진 기나긴 시간은 재앙에 가깝다. 외로움도 밀려온다. 이렇게 생
각을 바꾸면 어떨까? 은퇴 후 늘어난 시간은 재미를 누릴 수 있
는 절호의 기회라고 말이다. 왜냐하면 진정으로 좋아하는 재미를
누구의 눈치 볼 필요 없이 직접 선택할 수 있기 때문이다. 선택된
재미는 몸과 정신의 건강한 균형 유지와 함께 삶의 긍정적인 에
너지를 제공한다.

둘째, 자신에게 맞는 재미를 찾으면 행복해진다. 그동안 열중했
던 일에서 완전히 벗어나 재미에만 흠뻑 빠질 수 있어서다. 재미
가 있는 사람은 주위 사람들에게 자기 행복도 나누어줄 수 있다.

셋째, 다양한 사람들과 좋은 인간관계를 맺을 수 있다. 혼자도
좋지만, 좋아하는 동호회에 가입해보는 것은 어떨까? 모임에 가면
공통 관심사가 있기에 낯선 사람과의 대화에도 부담감이 없이 편
하다. 지속적으로 모임이 유지된다면 좋은 인간관계를 이어나가
면서 오래된 친구보다 더 가까운 사이로 발전할 수도 있다.

마지막으로, 좋아하는 재미가 자신이 하고 싶은 일로 발전할 수
있다. 좋아하는 재미가 생기면 다음 모임이 기다려지고, 하고 싶

은 욕구가 강해지면서 적극적으로 참여하게 된다. 초보 단계를 지나면 좀 더 깊이 배우고 싶은 충동이 일어나고, 직접 혹은 멘토를 통해서 수준이 높아지기도 한다. 중요한 것은 몰입이다. 몰입은 좋아하던 취미를 하고 싶은 일로 발전시키는 촉매제 역할을 하기 때문이다. 하고 싶은 일을 통해 금전적인 수입도 얻을 수 있다.

은퇴 전, 자기에게 맞는 재미를 찾은 사례 ─ 관심사 발표

"저는 전무님이 해주셨던 것 중 가장 기억에 남는 것이 있어요!"
"뭔데?"
나는 무슨 이야기가 나올지 궁금했다.
"관심사 발표하기요."

몇 년 전 직장 후배 두 명과 저녁 식사에서 나눈 대화다. 한 달에 한 번 자신의 관심사를 발표하면 어떨까 하는 내 제안에 팀원 모두가 괜찮다고 해서 실시했던 팀 자체 행사였다. '어떻게 하면 자기에게 맞는 재미를 찾을 수 있을까?'라는 문제 해결을 위한 방법은 '관심사의 공개화'다. 내가 어떤 것을 했을 때 즐거웠는지, 행복했는지 과거의 기억이 바로 떠오르는 예도 있다. 그러나 대부분은 쉽게 떠오르지 않을 것이다. 왜냐하면 재미보다는 현재 하는 일에 집중해서 살아온 세월이 길기 때문이다.

당시 후배는 관심사 발표가 엄청난 스트레스였다고 솔직히 고백했다. 발표를 하루 앞두고도 자신의 관심사가 한 가지도 떠오르지 않았다고 한다. 고민 끝에 모터사이클과 보트를 주제로 발표했고, 그 후 후배는 모터사이클 자격증까지 취득했다. 다음 목표로 보트와 비행기의 면허증 취득을 준비 중이라니 기대가 된다.

나도 어떤 내용을 발표했는지 궁금했다. 컴퓨터에는 '워라밸(Work-life balance) : 일과 삶의 균형'이라는 제목의 파일이 남아 있었다. 직장에서 일을 열심히 하면서도 삶의 균형을 위해 이렇게 살고 있다는 내용의 발표였다. 2007년 8월 월악산 캠핑을 시작으로 다양한 여행 슬라이드를 소개했다.

너무 무리한 일정은 오히려 남는 것이 적을 수도!

친구와 지인을 잘 사귀면 진짜 최고 여행이 됨

앨범, 기행문 등 기록으로 남기면 오랫동안 기억하며 좋을 듯

나는 무릎을 '탁' 쳤다. '아, 나는 그때 이미 여행에 가장 큰 관심이 있었고, 나름대로 여행 노하우도 가지고 있었구나.'

자신만의 관심사 발표를 준비하면서 자신이 좋아하는 것을 어슴푸레 찾은 사람도 있었다. 다른 사람들의 발표를 통해 자극을 받을 수 있어서 좋았다고 감사하다는 후배도 있었다. 나를 포함한 회사 동료들과 함께 앞으로 맞이할 '제2의 인생'을 생각하는 귀중한 시간이었다. 홀로 혹은 친구, 모임, 회사 내에서 자기 관심사에 대해 고민하고, 글로 남겨보자. 나아가 서로 발표하고 토론하는 시간을 갖는다면 더 좋을 것이다. 자기에게 맞는 재미를 찾는 방법이자 중요한 은퇴 준비 과정이기 때문이다.

은퇴 후, 자기에게 맞는 재미를 찾은 사례
관심 분야에 그냥 시도해보라

은퇴 후에는 관심 분야에 관한 배움을 시도하라. 은퇴 후 어느 날 나는 무료한 시간을 채우고 싶었다. 관심 있는 분야를 배우고 싶어서 전 세계 어느 대학에도 없는 '나를 위한 빽빽한 수강 신청'을 했다. 꼭 짜인 월간 일정을 보니 뿌듯하기까지 했다. 여행(여행작가학교, 지리 여행), 책(독립 출판, 셰익스피어 햄릿), 미술(미술사, 미술 투자, NFT Art*와 메타버스 경매**), 역사(한국 현대사, 유럽 역사), 건축(서양 건축사, 한국 건축), 음악(재즈, 클래식), 바리스타, 인문(기후, 미학) 등 무려 18개 강좌였다.

강의를 들으면서 내가 흥미를 느끼는 것들이 자연스레 추려지니 좋았다. 재미있거나 끝까지 참석하는 강의가 바로 좋아하는 분야였다. 작품 자체의 이해를 통한 미술사, 재즈와 클래식 음악에 대한 새로운 흥미를 발견했다. 너무나 많은 강의를 동시에 수강하다 보니 심신이 지쳐서 기후, 미학 등 세 가지 강좌는 중도 하차하기도 했다. 나는 진정으로 여행을 좋아한다는 사실을 재확인했다. 이에 여행작가학교를 수료한 다음 날 홀로 80일간의 유럽 여행을 떠났다. 이 여행이 내 인생의 전환점이 되었다. 무모할 수도 있는 홀로 여행이라는 도전이 인생 2막을 어떻게 살아야 하는지 깨닫게 해주었던 것이다.

막연하게 '내가 좋아하는 것이 뭐지?' 머릿속으로만 떠올리는 사람

---

* NFT Art(Not-Fungible Token Art) : 실물로 존재하는 예술 작품이 아닌 미술 작품의 증명서로 존재하는 예술 작품
** 메타버스 경매(Metaverse Auction) : 가상현실 플랫폼을 통한 경매

이 많다. 나도 오랫동안 그랬다. 혼란스럽고 답답하기만 했다. 앞에서 제시한 내 경험을 토대로 한 방법이 사람에 따라 맞지 않을 수도 있다. 더 좋은 방법도 있을 것이다. 다만, 내가 강조하고 싶은 것은 자신이 직접 시도하고 도전해봐야 한다는 것이다. 시행착오를 겪지 않고 무언가를 얻는 것은 드문 일이다. 찾아가는 과정도 의미가 있다. 궁극적으로 자기에게 맞는 재미를 잘 찾는 것이 무엇보다 가장 중요하다.

재미는 좋아서 즐기기 위한 것이다. 시간을 채우기 위한 의무감으로 하게 되면 빨리 포기하고 만다. 지속해서 재미를 유지하기 위해서는 '소모임'이나 '동호회'를 활용하면 좋다. 비슷한 취향을 가진 사람과 어울리는 것만으로도 즐겁다. 취미를 좀 더 깊이 알려고 하면 할수록 한계에 부딪힐 수도 있다. 보통 모임에는 수준 높은 전문가가 있게 마련이므로 몰랐던 부분을 세심하게 가르쳐주고 이끌어주는 것에 즐거움을 느끼는 분들도 많을 것이다. 함께 지속하고 발전하는 기쁨을 맛볼 수 있다.

"재미의 세계가 넓으면 넓을수록 행복의 기회가 많아지며, 운명의 지배를 덜 당하게 된다"라고 강조한 영국의 철학자이자 수학자인 버트런드 러셀(Bertrand Russel)의 이야기를 나는 좋아한다. 본업 외에 자신이 달리 즐길 수 있는 한 가지는 꼭 있어야 한다는 말도 있다. 그러나 한 가지로는 부족하다고 생각한다. 운명의 지배를 덜 받고, 여러 사람과 같이 어울려 즐기려면 다양한 재미가 필요하다. 여행할 때도 자신의 관심사가 넓으면 그만큼 다양한 여행을 현지인과 즐길 수 있는 것처럼, 인생도 그렇다. 나에게 맞는 재미를 찾은 지금, 나는 인생이 즐겁고 풍요롭다.

인생의 즐거움과 재미는
완성이 아니라 '만드는 과정'이 중요하다

　'파격보다는 안정 선택', '조직, 시스템, 업무 방식까지 다 바꿔라'라는 문구가 언론에서 조명되는 것을 보니 연말이 다가왔음을 느낀다. 회사에서는 사장단 인사, 임원 승진, 조직 개편 등으로 분위기가 술렁거린다. 주로 결과 위주로 평가하고 보상을 받는 발표가 이어진다. 과정은 온데간데없이 사라진 경우도 많다. 과정이 없는 결과는 없다. 결과보다 만드는 과정이 훨씬 더 의미가 있을 수 있다. 은퇴 이후는 달라져야 한다. 완성이 아닌 '과정'의 중요함을 인지하고, '만드는 과정'을 즐기며 살아야 한다. 과정의 즐거움을 경험한 사례와 함께 과정을 즐기는 방법을 소개하고자 한다.

메달보다 '과정'을 중시

　〈한국일보〉가 2023년 11월 실시한 '스포츠 인식 조사'에서 '올림픽과 아시안게임 등 국제대회에 출전한 우리 선수들에게 가장 중요한 모습은 무엇이냐?'는 질문에 60.4%가 '최선을 다하는 모습'이라고 답했다. '경쟁하면서도 즐기는 모습(21.3%)', '메달, 월드컵 16강 등 좋은 성적 달성(18.3%)' 등이 뒤를 이었다. '메달보다 과정'을 중시하는 국민이 60%라는 조사 결과는 사회적 인식이 긍정적으로 변화했음을 보여준다.

불과 몇 년 전까지 국제대회에서 은메달이라는 좋은 결과를 얻고도 눈물 흘리는 한국 선수들을 보면서 안타까운 적이 많았다. 나란히 서 있던 동메달을 받은 외국 선수는 환하게 미소를 짓는데 말이다. 이런 상반된 모습에 익숙한 것이 사실이었다. 과정보다는 메달 색깔을 중시하는 경향이 팽배해 있었기 때문이다. 선수들은 최고의 목표를 성취하기 위해 혹독한 훈련을 견디면서 얼마나 많은 땀을 흘렸겠는가. "과정에 최선을 다하면 되는 것 아닌가요" 하며 밝게 웃는 요즘 한국 대표 선수들의 모습이 대견스럽다.

우리는 무엇인가를 만드는 과정에서 배우고 성장한다. 과정을 거치면서 힘들어하고 때로는 실수를 저지른다. 장애물을 만나 넘지 못하고 포기하면서 자신을 탓하기도 한다. 목표를 달성하기 위해 도전 중이라면 설사 실패하더라도 그건 실패가 아니다. 단지 일을 만들어가는 과정이다. 이러한 과정을 거치면서 지혜를 얻고, 더 나은 방향으로 발전할 수 있기 때문이다. 결과만을 추구하면서 과정을 등한시한다면 더 나은 방법을 발견하지 못할 수도 있다. 또한 더 나은 성장 기회를 잃어버릴 수도 있다는 것을 명심해야 한다.

만드는 과정에서 새로운 아이디어와 창의성이 발휘된다. 문제에 대한 해결책을 찾거나 목표 달성을 향한 다양한 방법을 시도하라. 그러면 창의적인 아이디어가 나오고, 문제 해결 능력이 향상된다. 만드는 과정에서 숨겨졌던 자신의 잠재 역량을 발견하는 기쁨을 누릴 수 있다. 더 나아가 자아실현의 가능성도 엿볼 수 있다. 결과가 중요하지만, 그것을 이루는 과정이 더 큰 가치를 지닐 때가 많다. 결과를 추구하되, 만드는 과정에서의 의미와 가치를 놓치지 않아야 하는 이유가 거기에 있다.

두 발로 뚜벅뚜벅, 과정이 즐겁다

2년 전쯤 다녀온 알프스 산행을 통해 '과정'과 '결과'의 의미를 생각해본다. '등산을 하면 반드시 정상까지 가야지' 하며 반드시 목표를 달성해야 하는 사람이 많다. 융프라우(Jungfrau)산 정상의 전망대에 올라 잠시 사진을 찍고, 다른 곳으로 이동하기 위해 산악열차와 케이블카를 타고 내려오는 다수의 사람을 만났다. 이들은 '결과 지향적'이라고 느껴졌다. 반면에 정상에서 내려올 때 둘레길을 트레킹하는 사람은 소수에 불과했는데, 이들은 '과정 지향적'이라고 느껴졌다. 산행할 때 어떤 과정을 거치느냐에 따라 만족도가 크게 달라진다. 정상에 머무른 짧은 시간보다 뚜벅뚜벅 여유 있게 걸었던 기억이 오래 남아 있다.

걷는 과정에서 나는 첫째, 느리게 걸으며 본 자연으로부터 '숭고미'를 느낄 수 있었다. '자아가 절대적 가치를 지닌 숭고한 대상을 우러러보고 그 속성을 본받아 따르고자 하는 데서 오는 감정'을 '숭고미'라고 한다. 전망대에서 바라본 산은 일정한 형태만을 보여주는 것과 달리 트레킹할 때는 어느 위치에서 바라보는가에 따라서 산의 다양함을 맛볼 수 있었다. 일몰 시 태양이 비치면서 불타는 듯한 아이거(Eiger)산, 호수에 비친 설산의 잔영 등, 장관에 감동했다. '아! 이것이 숭고미구나!' 처음으로 알게 되는 행운까지 얻었다.

둘째, 걷는 과정을 통해 다양한 친구를 만날 수 있었다. 융프라우를 산책하던 중 미국 시카고 출신의 부부를 만났다. 무려 2년 넘게 세계 일주 여행을 하고 있다고 해서 놀랐다. 집도 팔았고 새로운 직업은 원하지 않는다고 했다.

"사람들은 중심가(Downtown)에 살려고 하는데 그것 때문에 거기서 벗어나지 못해요. 이렇게 엄청난 세계가 있음을 모르고 살아가는 거죠."

그 말은 나에게 큰 여운을 주었다. 집도 팔았다고 해서 언젠가 여행을 마치면 어디서 살지 정했냐고 질문했다.

"세계 어디든 내가 가는 곳이 내 집 아닌가요?"

그 답변에 또 한 번 놀랐다. 제2의 인생이 여러 갈래 길이 있을 수 있다는 생각을 확장하게 만들어준 고마운 친구였다.

셋째, 동물과 교감할 수 있었다. 소 떼가 평화롭게 먹이를 뜯고 있는 들판이 보였다. 목동이 줄로 연결된 울타리 문을 여는 순간, 소 떼가 일렬로 나란히 걸어 귀가하는 장면이 연출되었다. 경보선수들이 줄지어 400m 트랙을 느리게 걷는 듯했다. 다큐멘터리 작가인 양 흥분하며 촬영도 했다. 거의 다 내려왔을 즈음에는 어떤 집에 있던 소 한 마리가 갑자기 나를 향해 달려오는 것이 아닌가. 생각할 틈도 없이 걸음아 나 살려라 뛰었다. 다행히 울타리 너머로 뛰쳐나오지 않아 놀란 가슴을 쓸어내릴 수 있었다. 소와의 우연한 만남 후 소똥 냄새마저도 구수하고, 거슬렸던 소들의 목에 걸린 요란한 종소리도 멋진 오케스트라 연주 같았다.

'과정'을 즐기는 방법

법륜 스님은 "원하는 것을 이루지 못해 인생이 괴로운 것은, 다 이루어야 한다는 생각 때문이다. 이 생각을 버리면, 이루어지면 좋고 안 이루어져도 그만이다"라고 했다. 과정을 즐기면서 인생을 재미있게 살려면 첫째, 다 이루어야 한다는 생각을 버려라. 은퇴 후의 즐거움과 재미는 완성이 아니다. 결과에 신경 쓰지 않아도 된다. 누군가로부터 평가를 받을 필요가 없다. 마감 기한으로 인한 스트레스를 받을 필요도 없다. 완성하지 않아도 된다는 것을 받아들이는 순간 즐거움이 저절로 따라온다. 다 이루어야 한다는 생각을 버리고 시도하는 자체만으로도 삶의 가치가 부여된다.

둘째, 하루하루 차근차근 쌓아나가라. 모든 일은 하루아침에 이루어지지 않는다. 좋아하는 재미에 자투리 시간을 투자하고 경험을 축적해야 한다. 중간중간에 '이게 맞나'라는 의문이 들고 싫증도 나면서 포기하고 싶을 때가 올 것이다. 그때 필요한 것이 '버팀'과 '견딤'이다. 그 고비를 넘기면 조금씩 나아지는 자신의 재미를 좋아하게 될 것이다. 일상에서 천천히 자신의 재미를 찾아 시도하면 지속할 수 있다. 은퇴 후 자신만의 삶을 이끌어가는 과정 자체를 즐겨야 한다.

셋째, 취향이 같은 사람과 함께하라. 재미를 찾으려고 시도하는 것만으로 충분하다. 하지만 같은 취향을 가진 사람들과 함께라면 재미가 깊어진다. 예를 들면, 사진에 관심이 생겨서 수업에 참여하기로 했다고 가정하자. 풍경, 정물, 인물 사진을 차례로 익히며 본격적으로 흥미가 생기기 시작한다. 하지만 '왜 더 이상 나의 사진은 발전이 없을까?'라고 고민하는 시점이 온다. 이럴 때는 수업 외에 수강생과 별도의 정기적인 출사를 가지면 좋다. 장노출, 인물, 건물 등에 관심이 있는 같은 반의 고수로부터 배울 기회가 주어지기 때문이다. 원 포인트 레슨을 통해 사진 기술을 체득하거나 자기만의 사진 철학을 발전시킬 수도 있다.

윌리엄 셰익스피어(William Shakespeare)는 "이미 얻었다면 끝난 것이다. 기쁨의 본질은 그 과정에 있으므로"라는 '과정'에 대한 명언을 남겼다. 인생은 항상 무엇인가를 찾으려고 노력한다. 좋은 결과가 나오지 않으면 실망하거나 때로는 좌절하기도 한다. 결과 지향적인 삶이다. 은퇴 후의 삶은 찾는 과정이 중요함을 깨닫고, 결과에 연연하지 말고 과정에 매 순간 충실하면 된다. 만드는 과정에서 기쁨을 얻는다면 보람된 인생이 펼쳐질 것이다. 오늘도 무엇인가를 찾기 위해 뚜벅뚜벅 걸어가는 당신의 모습이 아름답다.

은퇴 후에는 '해야 할 일'과 결별하고,
'진정으로 하고 싶은 일'을 찾아라

"다시 일하게 되었어요."

은퇴 후에 다양한 취미를 즐기며 같이 지내자고 약속한 지 불과 몇 달 지났을 뿐인데 전 직장의 요청에 고민 끝에 수락했다고 한다. "금전적인 문제로 재취업했어", "좋아하는 취미와 여행만으로는 뭔가 허전해" 하며 관련 직장을 재선택하는 빈도가 잦아지고 있다. 자신이 하고 싶은 일이 무엇인지 찾지 못한 것도 이유 중 하나다. 은퇴 후에 좋아하는 재미를 찾았다면 이제 무엇보다 중요한 진정으로 하고 싶은 일을 찾아 나서야 할 때다. 은퇴 후 행복한 삶을 누리기 위해 매우 중요한 진정으로 하고 싶은 일을 찾는 방법을 소개하고자 한다.

은퇴 후, 하고 싶은 일이 왜 이토록 중요한가

"진정으로 만족하는 유일한 길은 당신이 위대한 일이라고 믿는일을 하는 것이고, 위대한 일을 하는 유일한 길은 당신이 사랑하는 일을 하는 것이다. 사랑하는 사람을 찾듯이 사랑하는 일을 찾아라. 살아보니 돈은 중요하지 않았다. 매일 잠자리에 들 때 '오늘은 정말 멋진 일을 했다'고 말할 수 있는 것이 중요하다"라고 독창성과 상상력, 지속 가능한 혁신의 아이콘인 미국의 기업가, 스티브 잡스(Steve Jobs)는 말했다. '당신이 사랑하는 일을 하는 것'이 '위대한 일'임을 기억해야 한다.

은퇴 후 하고 싶은 일을 찾으면 좋은 이유는 다음과 같다. 먼저, 직장이 아닌 '직업'을 갖게 되어 행복해진다. '무엇을 이루거나 적절한 대가를 받기 위해 어떤 장소에서 일정한 시간 동안 몸을 움직이거나 머리를 쓰는 활동 또는 그 활동의 대상'을 우리는 '일'이라고 한다. 직장은 사람들이 직업을 가지고 일하는 곳이니 언젠가는 떠나야 한다. '직업'의 사전적 의미는 '자기 적성과 능력에 따라 일정한 기간 계속하여 종사하는 일'이기에 직장을 떠나서도 독립해서도 얼마든지 일할 수 있다. 내가 평생 좋아하면서 즐기면서 할 수 있는 일을 찾는 것이 중요한 이유다. 일을 통해 자신만의 행복한 삶을 살려면 직장이 아닌 '직업'을 찾아야 한다.

둘째, 자존감이 높아진다. 스스로 품위를 지키고 자기를 존중하는 마음을 '자존감'이라고 한다. 좋아하는 재미를 찾고 이어서 하고 싶은 일을 찾았다는 것은 축복이다. 물론 찾았다고 해서 끝나는 것은 아니다. 반드시 어려운 역경이 생길 것이다. 자신에 대한 굳건한 믿음, 무엇이든 할 수 있다는 '자기 확신'이 필요하다. 할 수 있다는 긍정적인 믿음을 가지고 문제와 마주하면 된다. 스스로 원해서 하는 일이기에 문제를 해결하면서 자존감은 한층 더 높아진다.

셋째, 자아실현 욕구를 충족시킬 수 있다. '자아실현 욕구'란 개인이 자기 잠재력을 발휘하고 더 나은 삶을 추구하는 과정이다. 이는 미국의 심리학자 매슬로(Abraham H Maslow)의 '욕구 5단계설'의 최상위 욕구이기도 하다. 은퇴 전에는 생계와 출세를 위해서 열심히 일했다면 은퇴 후에는 하고 싶은 일을 찾는 과정을 통해 숨어 있는 자신의 잠재 능력을 발굴할 수 있다. 또한 자신의 가치도 발견하는 기쁨을 누릴 수 있다. 궁극적으로 자아실현 욕구를 충족시킬 수 있다.

진정으로 하고 싶은 일을 찾아가는 완전히 새로운 길

나는 IT 회사에서 30년을 근무하고 남들보다 이른 시기에 명예퇴직했다. 제2의 인생에 대한 나와의 약속은 단 하나였다. '지금까지 해왔던 일이 아닌 내가 진정으로 하고 싶은 일을 한다.' 다행히 여행이라는 좋아하는 일을 찾았다. 혼자서 또는 가족들과 그리고 여행을 좋아하는 사람들과의 여행은 너무나도 즐겁고 행복했다. 그러나 마음 한편은 여전히 허전했다. '내가 진정하고 싶은 것은 무엇일까'라는 고민이 나를 계속해서 괴롭혔다. 자신과 많은 대화를 한 결과일까. 어느 날 답이 툭 튀어나왔다. 은퇴 후 강연할 기회가 있었을 때 참석한 청중과 교감하며 행복했던 순간이 떠올랐다. 글을 쓰고 세상과 소통하는 일이 바로 내가 진정으로 하고 싶은 일임을 깨달았다.

다음으로 어떤 분야에 대한 글을 쓰고 소통할 것인가 정해야 했다. 여행이 먼저 떠올랐다. 그러나 여행은 좋아하는 것이지 하고 싶은 일과는 다름을 느꼈다. 일로서의 여행은 여행 본래의 취지를 잃어버릴 수도 있겠다는 우려도 컸다. 내가 당장 겪고 있는 은퇴는 어떨까? 사람들이 생각하는 우울한 은퇴가 아닌 재미있는 은퇴로 바꿀 수는 없을까? 곧바로 진정으로 내가 하고 싶은 일은 재미있는 은퇴 관련 책을 쓰고 강연하는 것이라고 결정했다. 내가 겪었던 은퇴 후 과정, 경험, 실천 방법 등이 은퇴를 준비하는 사람들에게 선한 영향력을 끼칠 수 있으리라고 확신했다.

　지체 없이 실천 단계로 넘어갔다. 은퇴와 관련된 책을 집중적으로 읽고 중요하다고 생각하는 부분에 빨간 줄을 쳤다. 줄 친 내용을 정리하고 소목차를 뽑았다. 그 내용을 기반으로 내 글을 써 내려가기 시작했다. 역시 어려움에 봉착했다. 하루가 지나도록 한 줄을 쓰지 못한 적도 있다. 여행을 다녀온 후 쓰면 재충전이 되어 좋을 것 같았지만, 오히려 다시 글을 쓰기 위한 워밍업 시간이 필요했다. 이런 시행착오를 겪은 후에 신기한 일이 일어났다. 알람을 맞추지 않아도 눈이 저절로 떠졌다. 일어나자마자 책상 앞에 앉아서 글을 쓰고 있는 내 모습이 일상의 루틴이 된 것이다. 이윽고 8개월 만에 내 인생의 첫 원고가 완성되었다.

　첫 책을 내는 사람이 기획 출판을 시도한다는 자체가 무모한 도전이라고 말한다. 그래도 나는 완성된 원고를 국내 거의 모든 출판사에 투고했다. 다양한 이유로 거절이 이어졌다. '역시 나는 안 되는구나!' 좌절감이 밀려왔다. 자존감이 추락하면서 메일함을 열어보는 것 자체가 두렵기도 했다. 이번에는 어떤 이유로 부정적인 답변이 올까. 그런데 갑자기 반전이 이루어졌다. 감사하게도 3개 출판사에서 계약하고 싶다는 연락이 온 것이다. 고민 끝에 내 글의 가치를 인정하고 나에게 잘 맞는 출판사의 계약서에 서명했다. 우연히도 은퇴한 지 딱 2년째 되는 날이었다. 그러나 이제 시작이다. 책을 읽고 글을 쓰고 세상과 소통하고자 하는 나의 첫발걸음을 내딛은 것이다. 내가 스스로 선택한 진정으로 내가 하고 싶은 일에서 나의 새로운 인생을 만들고 싶다.

하고 싶은 일을 찾는 네 가지 방법

하고 싶은 일은 어떻게 찾을 수 있을까. 먼저, 자신에게 세 가지 질문을 던져라. 과거를 상기하면서 '가장 좋아했던 것이 무엇이지?'를 먼저 물어보라. '현재 좋아하는 것 중 가장 애착이 가는 것이 무엇인지?', '앞으로 하고 싶은 것이 무엇인지?' 나머지 두 질문도 던져라. 지금까지 이런 문제에 대해 깊이 생각해볼 시간이 충분하지 않았기 때문에 대답하기 어려울 것이다. 그렇다면 생각에 그치지 말고 글로 답을 써보라. 자기 자신이 가장 잘 알고 있기에 그 문제는 스스로 풀어내야 한다. 그 답을 찾는 과정에서 그동안 소홀히 했던 자기 자신을 찾을 수 있다. 자신이 하고 싶었던 일을 찾는 첫 관문이다.

둘째, 멘토(Mentor)를 만나라. 자신이 관심을 두고 있는 분야에서 활약하는 멘토를 만나는 것을 추천한다. 좋아하는 분야의 동호회나 모임에서 만날 기회가 생길 것이다. 멘토는 이미 지금까지 유사한 경험을 했기에 대화가 잘 통하고, 과거에 힘든 장애물을 거뜬히 통과도 했다. 이왕이면 멘토와 동행하며 현재 활약하는 모습을 체험할 수 있다면 더욱 좋다. '아! 바로 이거야' 마음속으로 소리를 지르는 경험을 하게 될 것이다. 또한 관련된 사람을 소개받아서 새로운 일로 연결될 수도 있다. 머릿속으로 그냥 생각만하는 것과 행동으로 옮겨 경험해보는 것은 전혀 다르다.

셋째, 좋아하는 재미를 반복하면 '진정으로 하고 싶은 일'이 될 수 있다. 좋아하는 재미를 찾았어도 시간이 언제나 당신을 기다리고 있다고 생각하면 오산이다. 어떤 분야의 전문가가 되기 위해서는 최소한 1만 시간 정도의 훈련이 필요하다고 말한다. 많은 사람이 알고 있는 '1만 시간의 법칙'이다. 하루 10시간씩 투자할 때 3년이 걸린다는 계산이 나온다. 반드시 전문가가 되어야 한다는 의미는 아니다. 하지만 매일 일정 시간 꾸준히 투자해야 한다. 투자의 반복이 축적될 때 하고 싶은 일로 전환되는 어느 시점이 올 것이다. '진정으로 하고 싶은 일'은 반복된 훈련과 경험으로 얻어진다.

넷째, 소셜미디어(SNS)를 적극 활용하라. 접근조차 꺼렸던 중장년층도 최근 소셜미디어 사용자가 많이 증가하고 있다. 내가 하고 싶은 일을 하게 된 계기도 바로 소셜미디어의 역할이 컸다. 홀로 80일의 유럽 여행을 했을 당시 여정과 짧은 소감을 사진과 함께 소셜미디어에 올렸다. 여행 후 여행 강의에 도전했는데 참석자들로부터 따뜻한 격려도 받았다. 강의 바로 다음 날 잡지사 대표님으로부터 여행 기사 의뢰를 받았고, 세상에 이런 일이 나에게도 생기는구나 놀라웠다. 첫 기고 후 대표님의 말이 큰 용기가 되었다.

"서 작가의 글은 엉덩이가 저절로 들썩거리게 해. 글을 읽으면 여행을 당장 떠나야 할 것 같아."

이후에 여러 강연도 할 수 있었다. 소셜미디어 덕분이다.

미국의 작가 마크 트웨인(Mark Twain)은 "20년 후, 당신은 했던 일보다 하지 않았던 일로 인해 더 실망할 것이다. 그러므로 밧줄을 던져라. 안전한 항구를 떠나 항해하라"고 간절하게 외쳤다. 기존에 해왔던 해야 할 일을 다시 연장한다면 추후 정말로 후회하게 될 것이다. 은퇴 이후에는 '해야 할 일'과 결별하고 '진정으로 하고 싶은 일'로 과감하게 갈아타라. 자신이 하고 싶고, 좋아하는 일을 하는 순간 삶이 즐거워지기 때문이다.

하고 싶은 일을 선택하는 순간부터
삶이 점점 단단해지고 행복해진다

　한국고용정보원의 고용동향 브리프 〈고령인구의 경제 활동과 노후 준비〉의 조사 결과에 따르면 2023년 기준 65~79세 고령자 중 절반 이상(55.7%)은 계속 일하기를 원하고, 실제로 5명 중 1명 꼴로 지난 1년간 구직에 나선 적이 있는 것으로 나타났다. 계속 일하고 싶은 이유는 '돈이 필요해서(52.2%)'에 이어 '일하고 싶고 일하는 즐거움 때문에(38%)'가 뒤를 이었다. 법정 정년을 넘긴 세대 절반 이상이 경제적인 이유로 일하고 싶다는 현실이 안타깝다. 60세 이전에 하고 싶은 일을 찾고 지속했다면 다른 결과가 나오지 않았을까. 이번에는 하고 싶은 일을 선택할 때 삶은 어떻게 달라지는지에 관해 이야기해보고자 한다.

'단단해진다'와 '행복'의 의미

　〈알쓸신잡(알아두면 쓸데없는 신비한 잡학사전)〉이라는 TV 프로그램을 본 적이 있다. 다양한 분야의 지식인들이 나와서 도시를 여행 후 한자리에 모여 자신만의 생각과 느낌을 전달하는 프로그램이다. 해박한 지식에 감탄하며 시간 가는 줄 모르고 보는데, 우연히 본 뇌과학자 장동선 교수의 갑각류 이야기가 흥미로웠다. 그는 독일에서 유학하며 생물학을 전공했는데 갑각류가 신기하게 생겨 관심을 두게 되었다고 한다. 그는 게, 새우, 가재 같은 갑각류는 단단한 껍질로 둘러싸여 있는데, '어떻게 성장할까' 궁금했다고 한다. 아이러니하게도 허물을 벗는 순간 말랑말랑해져서 누구에게나 잡아먹히기 좋은 매우 연약한 상태에서 성장한다는 것이다. 즉 '허물을 벗는 것'이 곧 '성장'이다.

인간은 어떨까? 장동선 교수는 인간의 몸은 척추동물이지만 인간의 마음은 갑각류와 비슷하다고 말한다. 인간이 정말 성장하는 순간도 죽을 것 같고 스치기만 해도 상처를 받을 때라는 것이다. 갑각류와 인간의 마음을 이렇게 적절하게 비유할 수 있을까. 누구나 은퇴 후 많은 어려움을 겪게 된다. 외로움, 관계의 끊어짐, 우울증, 자존감 추락 등 허물을 벗어야 하는 순간을 맞게 된다. 이런 힘든 상황을 극복하고 하고 싶은 일을 찾은 사람은 마음이 단단해지며 한 단계 성장하게 된다.

행복에는 정답이 없다고들 한다. 그러나 누구나 행복을 꿈꾼다. 문제는 행복하기 위한 뾰족한 수가 없다는 것이다. "행복과 불행은 얼마나 높은 곳에 있느냐, 낮은 곳에 있느냐 하는 것으로 결정되지 않는다. 지금 어디로 향하고 있는가에 따라 결정된다"고 한 영국 소설가 새뮤얼 버틀러(Samuel Butler)의 말을 되새겨봐야 한다. 예를 들어 직장의 꽃이라는 임원이 되었음에도 업무 실적

때문에 불안하다. 직원일 때는 '과연 잘해낼 수 있을까' 하는 미래에 대한 불안도 컸다. 사회적 지위가 높아져도 행복은 쉽게 다가오지 않는다. 은퇴 후, 자신이 가고자 하는 방향에 맞춰 일상에서 내가 좋아하는 일을 한다는 것, 그 자체가 행복이다.

보여주기 위한 삶이 아닌 내가 원하는 삶을 사는 것이 행복이다. '바람직한 삶이 아닌 바라는 삶을 살아라'라는 문구도 비슷한 의미다. 사람들은 회사, 가족, 친구 등 주로 누군가를 위해서 산다. 남을 위해 사는 데 익숙하다 보니 자신을 만나기 어렵다. 타의에 의해 살다 보니 여유가 없는 힘든 삶의 연속이다. 자신이 좋아하는 일을 찾았다는 것은 원하는 삶을 살기 시작했다는 중요한 이정표다. 바로 거기서 행복은 싹트며 자란다.

하고 싶은 일을 하며 행복한 은퇴 사례

'대기업 임원 출신이 은퇴 후 중증 환자만을 대상으로 요양보호사로 일한다.' 2023년 9월 5일 〈브릿지경제〉에 실린 기사는 어떻게 그럴 수 있을까 궁금하게 만든 기사였다. 이종대 님은 G사 상무이사로 퇴직했다. 우연히 폴리텍대학의 요양보호사 자격 취득 희망자 모집 공고를 보게 된 것이 인연이 되었다. 졸업 후 재가센터장으로 힘들고 정말로 도움이 필요한 신장 투석, 뇌졸중, 파킨슨병 등의 중증 환자를 돌보고 있다. 처음에는 어르신들이 경계하고 말씀을 잘하지 않았지만, 공감하려고 진심으로 정성을 다하고 따뜻한 대화를 나누자 공감적인 인간관계가 형성되었다고 한다.

"인생 2막에는 매슬로의 욕구 5단계 중 최고 단계인 자아실현(Self-actualization)에 그칠 것이 아니다. 후학들이 연구하고 발전시킨 8단계 중 최고 단계인 자기 초월(Self-transcendence), 즉 '나눔과 배려', '기부', '봉사 정신'으로 살아가면서 더 풍부한 행복 이상의 황홀경을 느껴보시길 바란다"라고 그는 당부한다. 직급이 높았던 사람은 은퇴 후 적응이 더 어렵다고 하는데, 과거 자신의 화려함을 내려놓고 힘든 요양보호사 일을 선택한 그의 용기에 박수를 보낸다. 봉사를 통해서 하고 싶은 일을 하며 행복한 제2의 인생을 사는 좋은 본보기다.

이보영 작가의 《은퇴하고 즐거운 일을 시작했다》에 등장하는 '바라봄 사진관' 나종민 대표 이야기도 좋은 예다. 그는 21년간 IT 회사에서 근무 후 경제적 여유 없이 은퇴하게 되었다. 여행 사진을 찍다가 사진을 배우고 싶었던 오래전 기억이 떠올라 본격적으로 배우게 되었다는 그는 장애인 전용 사진관을 열고, 사진 강의와 인생 이모작 강연도 하고 있다. "멋진 사진을 찍는 사진작가도 정말 많다. 그런 전문가들이 보면 저는 아마추어일지 모른다. 하지만 피사체를 이해하고 소통하려는 진심만은 프로라고 생각한다"는 그의 말이 울림을 준다.

매월 들어오던 월급이 들어오지 않는 은퇴 후 현실은 생각보다 견디기 힘들다. 이런 상황에서 진정으로 하고 싶은 일로 무게중심을 이동하는 것은 더욱 어려운 일이다. 나 대표는 적극적으로 '돈이 안 되는' 즐거운 일을 찾아 아주 작은 일부터 시작해보라고 말한다. 아이처럼 '그냥' 시도해보는 일이 앞으로 펼쳐질 모든 변화의 시작이 될 수 있다고도 조언한다. 그는 현재 보람되고 즐거운 삶을 살고 있다. 익숙함과 결별한 과감한 선택의 결과다.

하고 싶은 일을 선택하는 순간 일어난 삶의 네 가지 긍정적 변화

하고 싶은 일을 선택하는 순간 어떤 점이 좋아질까.

첫째, 새로운 정체성이 생긴다. 회사에서 근무할 때는 고객이나 사람을 만날 때 늘 직함이 표시된 명함을 준비했다. 그런데 은퇴 후에 사람을 만나면 참 어색하다. 건네줄 명함이 없어서다. 물론 만나는 사람이 은퇴자라면 상관이 없다. 서로 주고받지 않아도 되기 때문이다. 은퇴 후에도 명함이 필요할까. 자신의 이름 석 자가 명함을 대체할 수는 없을까. 자신만의 고유한 일 혹은 브랜드를 만들면 명함은 필요 없다. 그것이 바로 정체성의 변화다. 단단해진 자신의 표현 방법이다.

둘째, 쓸모가 있는 존재가 된다. 자신이 좋아하는 일을 하면 누군가에게 도움을 줄 기회가 많아질 수 있다. 은퇴 전에는 내가 무슨 일을 하면 그에 상응하는 보상을 받으려고 노력했다. 만약 그 보상이 내가 생각하는 것에 미치지 못하면 다른 길을 모색하고 찾아가는 것이 보통이었다. 한 유명 강연가는 강사료를 받지 않고 강연하고 참석자들에게 용기를 주고, 감동을 선사하기도 한다. 자신이 하고자 해서 선택한 그 일을 통해 세상에 쓸모 있는 존재가 된다는 것, 그 자체가 인생의 크나큰 행복이 아닐까.

셋째, 건강을 유지할 수 있다. 장수하는 사람들의 비결 중 하나 는 몸을 꾸준히 움직이는 것이다. 은퇴자는 직장이 사라져 갈 곳 이 없어 힘들어한다. 공동 투자를 통해 사무실을 임대 후 매일 출 퇴근을 하는 은퇴자도 있다. 하고 싶은 일을 하게 되면 먼저 갈 곳 이 생긴다. 관련된 일을 하기 위해 집을 나설 수밖에 없다. 이때 차 를 이용하기보다는 대중교통을 이용하면 좋다. 서 있거나 걷는 양 이 많아지면서 운동 효과는 배가된다. 하고 싶은 일을 하면서 운 동을 통한 신체적 건강과 스트레스 해소를 통한 정신적 건강, 두 가지를 모두 얻을 수 있다.

넷째, 보람을 느낀다. '보람'은 '어떤 일을 한 뒤에 얻어지는 좋 은 결과나 만족감 혹은 자랑스러움이나 자부심을 갖게 해주는 일' 이라는 사전적 의미가 있다. 가족 공예를 하는 지인은 "가만히 앉 아 바느질하고 사포로 다듬으면서 기리매*할 때 멍하니 하나에 집 중하는 시간이 좋다. 페인트칠하고 사포질로 편평하게 만들고 또 올리고 최소한 5~6번을 반복해야 하지만, 오랫동안 노력한 후 뭔 가가 완성되었을 때 보람을 느낀다. 가죽을 만지는 느낌도 좋다" 고 한다. 예쁜 가죽 제품을 만들며 하고 싶은 일을 즐기는 지인의 모습에서 보람의 의미를 엿볼 수 있다.

"네 믿음은 네 생각이 된다. 네 생각은 네 말이 된다. 말은 네 행 동이 된다. 네 행동은 네 습관이 된다. 네 습관은 네 가치가 된다. 네 가치는 네 운명이 된다." 인도의 성자 마하트마 간디(Mahatma

---

* 기리매 : '엣지 코트'라고도 하는데, 가죽 모서리에 페인트 같은 것을 올리는 작업을 말한다.

Gandhi)의 명언이다. 하고 싶은 일을 하겠다는 믿음을 바탕으로 생각하는 것이 시발점이다. 다른 사람에게 말을 전달하면서 행동으로 옮겨라. 시간이 축적되면 습관으로 발전하고 이어서 하고 싶은 일을 찾게 된다. 하고 싶은 일을 찾은 이후로 삶은 단단해지고 가치가 생긴다. 행복은 자신의 운명이 된다.

은퇴 후 하고 싶은 일을 시작하면
조급해하지 말고 3년간 지속해야 길이 보인다

"3년은 힘들 거예요. 기존 일을 잊어버리고 새로운 것을 찾으려면."

궁금했던 은퇴 후 삶을 어떻게 살아야 하는지에 대한 짧은 조언이었다. 많은 내용이 함축된 듯했다. 컨설팅 경력이 있어 아는 분야가 넓고 깊으며 위트까지 있는 분이었다. 우연히 알게 된 지인의 초대로 유럽 여행 때 영국인 집에서 최고의 저녁을 먹으면서 나누었던 대화다. 여행 후에 왜 3년이라고 답했는지 물어볼 기회가 있었다.

"나도 은퇴 후 삶의 동기와 패턴을 수정하는 데 3년 정도 걸렸어요."

은퇴 후 하고 싶은 일을 하면서 조급해하지 않고 자신만의 속도와 시간을 찾아야 한다. 자신의 길을 열기 위한 3년을 지속하는 방법은 무엇일까.

조급증, 나의 속도를 선택하면 사라진다

회사에 다닐 때 업무 처리 속도가 빠른 사람들이 보통 성과를 잘 받는 경향이 있다. 업무 결과가 다소 미흡하더라도 마감 기한 내에 일을 마무리하는 사람이 능력 있는 회사원으로 간주된다. 그만큼 경쟁 사회에서 속도는 매우 중요한 요소다. 특히 조급증이 있는 상사를 만나면 일 중간에 언제 끝나는지에 대한 확인 연락이 잦아 스트레스를 받는 회사원도 많을 것이다. 물론 빠른 일 처리로 사업적인 성공을 이루는 경우도 많은 것이 사실이다. 우스갯소리로 한국에 온 외국인 대다수가 '빨리빨리'라는 단어를 가장 먼저 배운다는 말도 있다. 조급함이 한국 사회의 주요 특징 중 하나라는 증거다. 은퇴 전 느끼는 속도는 '조급함'이다.

그러나 은퇴하자마자 적응하기 어려울 정도로 그 속도는 느려진다. 은퇴 후에는 자신이 설정하지 않으면 목표를 정하지 않아도 된다. 당연히 마감 기한도 없다. 갑작스레 주어진 많은 시간이 마음의 여유를 갖게 하고, 느림을 동반한다. 무료함에 힘들어서 우울증 증세를 보이기도 한다. 예외적으로 은퇴 초에 무엇인가 해야 한다는 강박관념에 회사 다니던 시절처럼 시간에 쫓겨 동분서주하기도 한다. '백수가 과로사한다'는 말을 실감하게 될 것이다. 그러나 대부분 은퇴 후 느끼는 속도는 '느림'이다.

유튜브 채널 〈김 교수의 세 가지〉에서 기록학자 김익한 교수는 빠른 것, 느린 것이 아닌 "자신에게 맞는 속도를 선택해야 한다"고 강조한다. 나의 속도로 실행하는 세 가지 방법도 제시한다. "첫째, 자신의 속성을 파악해라. 그래야 자기에게 맞는 속도를 알 수 있기 때문이다. 둘째, 자기가 할 수 있는 시간보다 1.5배의 시간을 잡아라. 여유가 생길 뿐만 아니라 깊게 정확하게 하기 위함이다. 셋째, 지속하며 뿌리내리기다. 평균보다 조금 느린 시간으로 하면 쉽게 지속할 수 있다. 자신의 속도로 뿌리를 깊게 내리는 행동을 할 때 비로소 시간이 지나면 자기다운 삶을 살 수 있다." 은퇴 후에는 자신에게 맞는 속도에 대해 깊이 생각해보자.

1만 시간이 아닌 '자기 시간의 법칙'

제2차 세계 대전의 히로시마 원폭 피해에서 유일하게 생존했을 정도로 생명력이 강한 것이 대나무다. 대나무는 독특한 성장 비밀을 간직하고 있는 것으로도 유명하다. 씨앗을 뿌리고 물과 거름을 줘도 1, 2년 동안 땅 위에서는 아무 변화가 없다. 3년째가 되어서야 겨우 3cm 죽순이 고개를 내민다. 3년까지는 땅 위에서의 존재감이 미미했지만, 땅속에서는 뿌리가 퍼지고 또 퍼지는 성장을 계속한다. 은퇴 후 새로운 자신의 길을 가기 위한 3년이 대나무 죽순이 고개를 내미는 기간과 묘하게 일치한다. 5년이 지나면 비로소 크게 성장하기 시작해서 하루 1m가량이나 자란다고 알려져 있다. 5년간의 뿌리 내림의 결과가 폭발적인 성장을 만든다는 것이다.

그럼 은퇴 후 좋아하는 일을 시작한 후 자기 시간을 어떻게 설정해야 하는가. 영국 작가 말콤 글래드웰(Malcolm Gladwell)의 저서 《아웃라이어》를 통해서 대중화된 '1만 시간의 법칙'이라는 것이 있다. 전문가가 되기 위해서는 최소한 1만 시간 정도의 훈련이 필요하다는 것인데, 1만 시간은 매일 3시간씩 훈련할 경우 10년, 하루 10시간씩 투자할 경우는 3년이 걸린다는 계산이 나온다. 만약 현직에서 일을 하고 있다면 하루 10시간씩 3년이라는 시간은 달성 불가한 목표일 것이다.

은퇴 후라면 어떨까? 자신이 진정으로 좋아하는 일에 매일 10시간씩 3년 동안 투자하는 것은 불가능하지는 않지만 매우 달성하기 힘든 것도 사실이다. '반드시 전문가가 될 필요가 있을까'라는 의문도 든다. 작가 조쉬 카우프만(Josh Kaufman)은 1만 시간의 법칙 속 오류를 지적하며, "1만 시간은 세계 최고의 마스터, 전문가를 만들기 위한 시간이라 일반인들에게는 맞지 않는다"고 반박한다. 아무것도 모르는 상태에서 실력이 향상되었다고 느끼려면 우리에게 필요한 건 20시간이라고 하며 '20시간의 법칙'을 주장한다.

은퇴 후 새로운 일을 할 때, 기존의 일과는 다른 지식과 기술이 필요하다. 그러한 지식과 기술을 습득하고 적용하는 데 시간이 필요할 수밖에 없다. 새로운 분야의 문화에 적응하고, 새로운 인맥과 관계도 쌓아야 한다. 새로운 일을 시작했기에 어느 정도 성과를 내는 데도 3년 정도는 소요될 수 있다. 하지만 시간을 정량화하는 것은 무리가 있어 보이고, 1만 시간, 20시간 법칙을 사람들에게 일괄적으로 적용할 수는 없다고 생각한다. 그러므로 자기의 속도에 맞는 '자기 시간의 법칙'을 고려해서 목표를 정해야 한다.

하고 싶은 일을 3년간 지속할 수 있는 세 가지 방법

하고 싶은 일을 3년간 지속하려면 우선, 자신의 속도를 파악하고 '자기 시간의 법칙'을 정하라. 앞에서 언급한 1만 시간, 20시간의 법칙은 참조만 하자. 가장 중요한 것은 자신의 속도를 파악하고, 자기 시간의 법칙을 만드는 것이다. 은퇴 후는 시간적 여유가 있고 자신의 시간을 스스로 결정할 수 있는 선택권이 있기에 유리하다. 자신이 생각하는 가장 효율적인 특정한 하루 시간대를 정해라. 두 개 혹은 세 개의 시간대가 나올 수도 있을 것이다. 공간도 고려하자. 집도 좋지만, 특정한 공간을 선택하는 것도 좋은 방법이다. 예를 들면, 음악을 좋아하는 사람은 명품 스피커를 보유한 카페에서 음악과 함께 좋아하는 일을 하면 시너지 효과가 난다. 시간을 주체적으로 사용함으로써 3년간 지속할 수 있다.

작은 목표를 정하고 달성하면서 만족감을 느껴야 한다. 누구나 관심이 생겨서 새로운 것을 시작하면 처음에는 의욕이 강하다. 좋은 결과가 곧 나올 것 같은 생각이 든다. 문제는 과욕이다. 초기 단계에 달성하기 힘든 목표 설정을 하게 되면 중도에 포기하는 경향이 있다. 꾸준함을 지속하기 위해 달성할 수 있는 작은 목표를 정하라. 과정 중 달성하게 되면 기쁨을 누리고 만족감을 느끼는 것도 중요하기 때문이다. 다시 나아갈 에너지를 충전하는 귀중한 시간이 된다. 하루하루 꾸준히 나아가면 3년 지속은 그리 어렵지 않다.

끝으로, 성장하는 자기 자신을 격려하라. 하고 싶은 일을 지속하면 관심 분야에 관한 근원을 알고 싶은 지적 욕구가 생긴다. 탐구하는 과정에서 죽순이 땅에 뿌리를 뻗듯이 깊이가 생긴다. 시작할 때보다 성장한 자신을 발견하면 스스로를 칭찬하고 격려하라. 그때부터 3년이라는 기간은 그리 길게 느껴지지 않을 것이다. 성장하고 있는 자신을 마주하며 기쁨도 누려라. 더 하고 싶은 의욕도 생길 것이다. 결국 자기 자신을 믿고 격려하면 지속할 수 있다.

"인생은 속도를 겨루는 시합이 아니다. 세월을 견디고 비바람을 버텨야 나이테가 쌓이니 조급해하지 말라." 조선 후기의 문신이자 실학자 정약용 선생은 말했다. 은퇴 후에는 조급함과는 과감하게 헤어져야 한다. 먼저 자기 속도에 맞는 '자기 시간의 법칙'을 설정하자. 3년 만에 겨우 3cm 올라온 죽순에 실망하는 사람이 많을지도 모르지만, 보이는 것에 치중하지 말고, 땅속에서 뻗고 있는 죽순 뿌리처럼 쉬지 않고 꾸준히 3년을 노력하자. 그리고 날마다 성장하는 자신을 격려하자. 자신만의 길이 열리는 놀라운 경험을 하게 될 것이다.

하고 싶은 일을 할 때
오직 하나에 몰입해야만 성과가 난다

"강연을 잘하실 것 같은데, 한번 연락주세요."

처음 만난 K컨설팅 회사의 사장으로부터 러브콜을 받았다. 은퇴 후에 이런 제안을 받으면 최종 확정된 것도 아니지만, 일단 기분이 좋다. 아직도 누군가에게 인정받고 있다는 생각이 들어서다.

이미 관심이 있는 일을 찾았는데 어떻게 해야 할지 고민되어 지인에게 털어놓았다. 지인은 "한 가지에 집중하는 것이 좋을 것 같은데요"라고 조언했다. 새로운 일은 금전적 보상도 주어지기에 하고 싶은 욕구가 컸다. 많은 은퇴자가 비슷한 상황을 겪게 될 것이다. 여러분이라면 어떤 결정을 내리겠는가? 오직 하나에 몰입해야 하는 이유, 일상의 몰입 그리고 하고 싶은 일을 할 때 좋은 성과를 내는 방법에 관해 이야기하고자 한다.

하나의 일에 몰입해야 성과가 난다

"직장인들은 3분마다 방해를 받으며 다시 돌아오기까지 평균

23분이 걸린다." 미국 어바인 대학 정보학과의 글로리아 마크
(Gloria Mark) 교수는 〈The Cost of Interrupted Work : More
Speed & Stress〉이라는 논문에서 이렇게 말했다. 마크 교수는
지식 노동자들이 일하는 양상을 관찰한 후 짧은 시간이라도 업무
가 중단되면 과제를 완료하는 시간이 상당히 지체된다는 사실을
또 다른 논문에서도 다루고 있다. 더 큰 문제는 산만함에 익숙해
지면 한 가지에 집중하는 능력이 아예 회복되지 않을 수도 있다
는 것이다.

이에 미국의 학습과 커리어 분야 권위자인 칼 뉴포트(Cal New-
port) 교수는 《딥 워크》라는 책에서 '딥 워크(Deep Work)'의 필
요성에 대해 다음과 같이 말한다. "딥 워크는 '인지 능력을 한계
까지 밀어붙이고 완전한 집중의 상태에서 수행하는 직업적 활동'
이라고 정의한다. 딥 워크가 필요한 이유에 대해서는 다음 두 가
지로 정리한다. 첫째, 오늘날의 정보 경제에서 가치를 유지하려
면 복잡한 것을 빠르게 익히는 능력을 습득해야 한다. 여기에 '딥
워크'가 필요하다. 둘째, 디지털 네트워크 혁명으로 전 세계가 연
결되어 더 나은 대안을 아주 쉽게 찾을 수 있다. 성공하려면 능력
의 한도 내에서 최선의 성과를 내야 한다. 이 일에는 '몰입'이 필
요하다."

유명인의 이야기도 흥미롭다. 영국의 소설가 조앤 롤링(Joan K
Rowling)은 해리 포터 시리즈의 마지막 책인 《죽음의 성물》을 쓰
고 있었다. 집에서는 집중하기가 어려웠던 그녀는 에든버러의 5
성급 밸모럴 호텔의 스위트룸에서 글을 쓰기로 다소 극단적인 결

정을 하며 이렇게 말했다. "아름다운 곳이라서 이 호텔을 골랐지만 오래 머물 생각은 없었어요. 첫날에 글이 너무 잘 풀려서 계속 머물렀죠." 딥 워크를 위해 비용을 들여서라도 주변 환경을 바꿈으로써 성공적으로 일을 완수한 좋은 사례다.

일상의 몰입

그럼, 몰입에 이르는 실천 방법은 어떤 것이 있을까. 서울대 황농문 교수는 《몰입》이라는 책에서 몰입에 이르는 다섯 단계를 알려준다. "1단계는 생각하기 연습이다. 준비 단계로 20분 동안 한 문제에 대해서만 생각한다. 여기서 중요한 점은 문제를 푸는 것보다 20분간 생각하는 훈련이다. 2단계는 천천히 생각하기다. 좀 더 어려운 문제를 선정하여 그 문제만 2시간 동안 생각한다. 강한 인내력이 필요하고, 문제가 풀리지 않아서 스트레스가 쌓일 수도 있다. 천천히 생각하기(Slow Thinking)를 하려면 우선 조용히 명상한다고 생각하면 좋다. 온몸의 힘을 빼고 안락한 의자에 편안하게 앉는다.

3단계는 최상의 컨디션 유지다. 정신 작용을 극대화하는 몰입 과정에서 몸이나 정신에 문제가 생길 수 있다. 그래서 반드시 규칙적인 운동을 병행해야 한다. 4단계는 두뇌 활동의 극대화다. 중요하고 난이도가 높은 문제에 도전해야 할 단계다. 며칠을 생각해도 진전이 없을 것이다. 겉으로 보기는 그렇지만 계속해서 그 문제에 대해 생각하면 그 문제를 풀겠다는 생각과 의지가 계속 뇌에 입력된다. 5단계는 가치관의 변화다. 이 단계에 이르면 사소한 문제 하나하나를 해결하는 수준을 넘어서 해당 분야에 대한 깊은 이해로 사고가 확장되고 가치관이 변화한다."

'몰입'의 사전적 의미는 '깊이 파고들거나 빠짐'이다. '몰입'은 '주위의 모든 잡념, 방해물을 차단하고 원하는 어느 한 곳에 자신의 모든 정신을 집중하는 일'이다. 요즘 세상은 특히 몰입하기 힘든 환경에 놓여 있다. 가장 큰 장애를 주는 것이 스마트폰일 것이다. 과거 TV가 바보상자라고 불렸는데, 스마트폰이 후계자라는 불명예를 얻을지도 모르겠다. 너무나 많은 정보를 얻고 활용하고 있는 고마운 최신기기지만 손에서 떠나지 않고 계속 쳐다보는 스마트폰은 몰입이 절교해야 할 친구이기도 하다.

지금까지 나는 몰입을 경험한 적이 거의 없었다. 한 가지에 집중하다 보면 쉽게 지겨워져서 다른 것을 찾곤 했다. 이른바 엉덩이가 가벼운 타입이었다. 그토록 몰입이라는 단어조차도 거부감이 있었던 나에게 놀라운 변화가 일어났다. 앞서 말한 몰입 5단계를 순서대로 거치지 않았음에도 몰입을 체험하게 된 것이다. 매일 정해진 시간에 일어나서 하고 싶은 일을 시작한다. 이른바 '일상의 몰입'이다. 무엇이 나를 이렇게 만들었을까. 바로 자신이 하고 싶은 일을 선택하자 한 가지에만 몰입하는 놀라운 변화가 일어났다.

하고 싶은 일을 할 때 좋은 성과를 내는 방법

비전 멘토링 강헌구 대표가 쓴 《골든 그레이》라는 책을 보면 오직 하나의 키워드에 몰입해서 성과를 내는 좋은 예도 있다. "그날 했던 강연 파일을 연다. 어떤 자료로 어떤 내용을 이야기할 때 사람들이 긍정적인 반응을 보였고, 어떤 대목에서 지루해했었는지 생각한다. 사람들의 반응이 반드시 긍정적일 거라고 예상한 대목에서, 결과적으로 그러지 못했다면 즉시 그 부분을 아주 세밀하게 쪼개서 다시 숙고한다." 그는 하고 싶은 일인 강연에서 하루 10시간, 20년을 집중하면서 끊임없이 개선했다.

자신이 하고 싶은 일을 할 때 좋은 성과가 나기 위해서는 첫째, 자신이 하고 싶은 일 중 오직 하나를 선택해야 한다. 다양한 분야에 관심이 많거나 멀티태스킹(Multitasking)에 익숙한 사람은 여러 개를 동시에 하고 싶은 욕구가 있을 것이다. 딥 워크(Deep Work) 성공 사례에서 보듯이 한 가지 일에 몰입한 경우에 좋은 성과를 내고 즐거움도 맛볼 수 있었다. 특히 기존 일의 연장이 아닌 새롭게 도전하는 일은 두 가지 이상을 동시에 진행하는 것은 원하는 성과를 내기가 훨씬 더 어렵다.

둘째, 몰입하라. 일상에는 몰입하기 힘든 요소가 너무 많다. 전화, 소셜미디어(SNS), 메시지, 유튜브 동영상, 모바일 콘텐츠, VOD*/OTT** 시청, TV 시청 등 각종 매체에 의해서 중단되는 경

---

* VOD(Video On Demand) : 방송을 기다릴 필요 없이 원하는 때에 원하는 방송을 볼 수 있게 해주는 서비스
** OTT(Over The Top) : 남의 네트워크망으로 콘텐츠를 송신해주는 서비스

우가 흔하다. 다시 집중하려 하면 시간이 더 소요되고 집중도 그만큼 어려운 것이 현실이다. 하고 싶은 일에 몰입할 때는 주변 방해 요소를 차단하자. 시간을 정해서 최소한 그 시간을 피하는 자신만의 루틴을 정해야 한다. 그리고 하루에 3번, 20분 이상은 생각하기 시간을 갖자. 새로운 아이디어와 창의력이 향후 자기 일에 더 좋은 성과를 가져다줄 것이다.

셋째, 창의성과 피드백을 함께 수용하라. 오직 하나를 선택해서 몰입하면 원하는 성과에 가까이 다가갈 것이다. 다만 가는 도중에 칭찬도 듣겠지만 문제점에 대한 지적도 있을 것이다. 자만심으로 인해 고객으로부터 피드백을 받아도 무시할지도 모른다. 새로운 것을 받아들이는 노력을 게을리할지도 모른다. 타당한 피드백은 가능한 한 수용하여 보완하도록 해야 한다. 몰입하다 보면 창의적인 아이디어도 나온다. 창의성을 발휘하면서도 피드백을 함께 수용한다면 더 좋은 성과가 나올 수 있다. 또한 하고 싶은 일의 보람과 가치도 발견하는 기쁨을 얻을 수 있다.

"스스로 결정한 단 하나를 위해 노력하는 외골수가 되어라." 미국의 조지 S. 패튼(George Smith Patton) 장군의 명언이다. 단 하나에 집중하는 것이 얼마나 중요한지를 함축하는 한 문장이다. 하고 싶은 일 중 오직 하나를 선택하라. 다음으로 몰입을 위해 매일 일정한 시간에 생각하기를 시도하라. 불필요한 외부 정보를 그 시간만큼은 차단해라. 그 몰입을 통해 창의적 아이디어가 나오고, 미지의 영역을 발견할 수 있다. 오직 하나로 몰입한 결과, 성과가 나오고 삶의 만족과 행복으로 연결된다.

은퇴 후 자유시간은 일상에서 자신의 세계를 개척하는 기쁨과 감동을 준다

"자유는 책임을 뜻한다. 이것이 대부분 사람이 자유를 두려워하는 이유다." 아일랜드의 극작가 조지 버나드 쇼(George Bernard Shaw)의 명언이다. 은퇴자라면 격하게 공감할 것이다. 직장을 그만두게 되면 보통 처음 몇 개월은 하고 싶었던 것을 마음껏 하면서 대부분 '역시 훌륭한 결정이었어' 하며 즐거워한다. 6개월 혹은 1년쯤 지나면 상황이 변하기 시작한다. 시간과의 전쟁이 시작된 것이다. 아침에 일어나면서부터 걱정이 시작된다. '오늘은 어떻게 시간을 보내야 하나, 누구를 만나야 하나, 어디를 갈까.' 이번에는 은퇴 후 자유 시간이 중요한 이유, 일상에서 자신의 삶을 개척한 사례, 그리고 자유 시간을 잘 활용하는 방법을 소개하고자 한다.

은퇴 후 자유시간이 왜 중요한가

2022년 12월 라이나전성기재단이 진행한 설문조사에서 참여자 중 48%가 은퇴 후 시간을 활용하는 방법을 가장 크게 고민하고 있다고 답했다. 구체적 항목은 '의미 있게 시간을 보내는 방법 (37%)'과 '좋아하는 일이 무엇인지 모르는 것(11%)'이다. 자유란 '외부적인 구속이나 무엇에 얽매이지 아니하고 자기 마음대로 할 수 있는 상태'를 말한다. 시간이 남아도는 지루함이 주는 고통은 겪어본 사람만 안다. 은퇴자에게 자유는 양날의 칼이다.

은퇴 후 자신을 찾아가는 과정을 거치지 않고 조급하게 과거로 돌아가는 현상이 늘고 있다. 전 직장에서 힘든 일에 염증을 느끼면서도 진급을 통해 충분한 보상을 받았던 달콤한 기억이 그립기도 하다. 은퇴 후에 관련 업종으로 재취업하는 지인들을 종종 본다. 보통 1년이라는 한시적 근무 조건이 많고, 직장 생활도 예전과 달라서 만족도가 낮다. 입사한 지 얼마 안 되어 벌써 다른 직장을 알아보고 있다. 재취업 동기를 물어보니 물론 경제적인 이유도 있지만, 자신의 새로운 길을 찾지 못하고, 은퇴 후 자유도 제대로 즐기지 못한 채 기존에 하던 비슷한 일을 택한 경우가 많았다. 문제는 재취업자들의 목소리가 그리 밝지 않다는 것이다.

은퇴 후 주어진 자유시간이 중요한 이유는 먼저 남이 아닌 '나'를 만나는 시간이기 때문이다. 은퇴 전에는 일과 관련된 고객 즉 '남' 중심으로 살아왔다. 솔직히 나를 돌아볼 겨를이 없었다. 은퇴 후에는 생각보다 긴 은퇴 기간이 기다리고 있다. 어디에도 얽매이지 않는 자유시간이 주어진 것이다. 시간의 제약으로 못했던 좋아하는 여가를 즐길 수 있다. 또한 자신을 만날 수 있는 시간이 찾아올 것이다. '내가 무엇을 좋아하는지', '어떤 일을 하며 살아갈지'에 대해서 진지하게 물어봐야 한다. 자신의 정체성을 확립하는 소중한 시간이다.

또한 일상에서 자신의 새로운 세계를 만들어가는 기쁨을 맛볼 수 있다. 은퇴 전 일상은 다람쥐 쳇바퀴 돌 듯이 일정했다. 똑같이 되풀이되는 일상에 즐거움을 잃어갔다. 변화를 꿈꾸지만, 현실은 녹록지도 않았다. 은퇴 후 자유시간이 주어지면 일상의 소중함을 알아야 한다. 마음의 여유를 가지고 바라보는 것만으로도 가능하다. 일상에서 스스로 원하는 일을 습관화하라. 꾸준히 시도하고 만들고 실행하다 보면 삶의 기쁨이 찾아온다.

일상에서 자신의 삶을 개척한 기쁨과 감동의 사례

"단순하지만, 예민한 닭들은 먹이를 주고 보살피는 주인의 마음을 본능적으로 읽는다. 자신들을 보살피는 일에 온전히 신경 쓰지 않을 때는 항의하듯 알을 제대로 낳아주지 않는다. 정직하고 성실하게 일하면 그에 합당한 이익을 얻을 수 있다는 믿음과 확인을 이곳에서 얻었다." 이보영 작가의 《은퇴하고 즐거운 일을 시작했다》에 나오는 '자연이네 유정란'의 송헌수 대표 이야기다. 기자를 그만두고 귀농 후 아침에 일어나면 닭들에게 줄 사료를 챙기고 달걀을 거두는 닭 키우는 농부로 평범한 일상을 살고 있다.

은퇴 후 귀농을 꿈꾸는 사람이 여전히 많다. 무작정 뛰어든 귀농은 실패하는 경우가 대부분이다. 송 대표도 귀농 초기에 천연 곡물 팩 제조와 유통 사업을 하다가 망하기도 했다. 그러다가 정직함을 무기로 깨끗한 시설에서 좋은 먹이를 공급함으로써 다소 고가의 달걀이지만 믿을 만한 브랜드를 구축하게 되었다. 교육과 차량 서비스 등 주민들을 위한 봉사가 일상이 되었다. 은퇴 후 자유시간을 활용해서 자신의 삶을 개척하는 과정이 힘들었지만, 좋은 결실을 맺은 것이다. 지역 주민들과 행복을 공유하며 살아가는 부부의 모습, 그 자체가 감동이다.

최근 글과 사진을 아우르는 윤광준 작가의 강연을 들을 기회가 있었다. 〈일상의 황홀〉이라는 제목부터 강렬하게 다가왔다. 이전 삶의 우스꽝스러운 반복을 피하기 위해서라도 "나이 들면 의미가 있는 목표를 끝까지 추구해야" 한다고 그는 힘주어 말한다. "세상의 좋고 아름다운 것들을 삶의 일상에 끌어들여보자. 행복은 상태보다 반복 여부에 달렸다"라는 말도 여운이 남는다. 일상의 소소한 즐거움이 반복되다 보면 일상의 황홀함을 느낄 수 있지 않을까.

은퇴 후 자유시간을 잘 활용하는 세 가지 방법

'은퇴 후 주어진 자유를 어떻게 활용하느냐'가 은퇴 성공 여부를 좌우한다. 이에 무료함이 아닌 온전한 자유를 누리는 방법을 공유하고자 한다. 첫째, 오직 나만을 위한 느슨한 시간표를 만들어라. 스스로 어떻게 시간을 보낼지 정할 수 있는 것만큼 기쁜 일이 있을까. 타인의 눈을 의식하면 안 된다. 주체적으로 생각하고 결정할 수 있는 기회다. 자신이 좋아하는 한 가지 재미나 일을 위한 시간은 익숙해질 때까지 반드시 지켜라. 나머지 시간은 '하면 좋고, 안 해도 그만'이라는 유연한 생각으로 시간을 보내는 것이 좋다.

둘째, 저절로 끌리는 배움에 투자하라. 배움을 통해 내면의 창고를 가득 채워야 한다. 배움은 끝이 아니라 평생 해야 할 중요한 덕목 중 하나다. 새로운 것을 배운다는 것 자체가 풍요로운 인생으로 가는 길이다. 지루함과 따분함에서 벗어나 은퇴에 진정한 의미를 부여할 수 있다. 그동안 못했던 저절로 끌리고 좋아하는 취미와 여가를 모두 즐겨보자. 즐기다 보면 내가 진짜 좋아하는 것의 윤곽이 드러날 것이다. 그게 하고 싶은 일로 발전할 수 있다. 또한 관심사가 맞는 좋은 친구도 사귈 수 있다.

셋째, 자신과의 대화가 가능한 장소에 방문하는 시간을 할애하라. 여행지, 미술관, 음악회, 도서관, 카페 등 자신의 기호에 따라 정하면 된다. 자신의 삶을 새롭게 기획할 기회로 활용하기 위함이다. 박물관이나 미술관의 전시회를 기획하고, 작품 또는 유물을 구입하고 수집하며 관리하는 업무를 담당하는 사람 또는 그 직업을 '학예사' 또는 '큐레이터(Curator)'라고 한다. 그 외에도 그들은 소장품과 관련된 학술적인 연구, 관람객들에게 소장품이나 자료에 대한 이해를 돕기 위한 교육 프로그램 개발, 전시할 작품의 진위를 판단하고 거기에 보유하지 못한 전시물을, 인맥을 통해 수배 후 창의적인 전시를 주도하는 중요한 역할을 한다.

미술관 전시회를 주관하는 큐레이터처럼 은퇴 후 자기 인생에도 큐레이터가 필요하다. 그 큐레이터는 누구도 아닌 자신이 되어야 한다. 자신의 인생을 새롭게 기획해야 하기 때문이다. 은퇴 후 주어진 자유의 시간은 남은 인생을 기획하기 위한 귀중한 시간이다. 이 시간은 자신과 미래의 삶을 재창조할 수 있는 엄청난 기회다. 일상에서 주어진 시간을 생산적인 활동으로 만들어보라. 개인적인 성취감과 함께 새로운 삶을 개척하는 기쁨, 감동을 느끼게 될 것이다.

미국의 사상가 랄프 왈도 에머슨(Ralph Waldo Emerson)은 "당신의 인생은 당신이 하루 종일 무슨 생각을 하는지에 달려 있다"고 했다. 은퇴 이후의 삶은 매일 일상에서 무슨 생각을 하고, 그것을 실천했는지가 중요하다. 앞에서 자유시간의 중요성과 활용하는 실천 방안을 알아보았다. 이제 진정으로 자유를 누릴 준비가 되었다. 이런 귀중한 기회를 활용해서 자신을 찾기를 바란다. 그러면 일상의 자유에서 자신의 새로운 세계를 개척해가는 기쁨과 감동까지 누리며 살 수 있다. 동참할 것인지 아닌지는 온전히 당신의 선택이다.

내가 하고 싶은 일과 재미,
두 마리 토끼를 잡아야 한다

'은퇴하면 실컷 여행이나 다녀야지. 하고 싶은 취미나 즐기면서!' 대다수가 생각하는 은퇴 후의 이상적인 삶이다. 통계청(2022년 기준)에 따르면, 한국인의 기대수명*은 평균 82.7세, 건강수명**은 평균 65.8세다. 실제 퇴직 나이가 평균 49.4세이니 기대수명까지는 무려 33년(29만 시간), 건강수명까지도 16년(14만 시간)이라는 긴 시간이 기다리고 있다. 재미에만 치우쳐 살기에는 문제가 있다는 사실을 지금, 늦어도 몇 년 후에는 알게 될 것이다. '일과 재미를 함께 누리며 살 수는 없을까?' 누구나 한 번쯤 생각해보았을 것이다. 답은 있다! 일과 재미, 두 마리 토끼를 다 잡을 수 있는 방법을 알아보자.

일과 재미, 두 마리 토끼를 다 잡아야 하는 이유

문화체육관광부가 발행한 〈2022년 국민 여가 활동 조사〉 중 일

---

* 기대수명 : 0세 출생아가 향후 생존할 것으로 기대되는 평균 생존연수를 뜻하며, 평균수명 또는 0세의 기대여명이라고도 한다.
** 건강수명 : 몸이나 정신에 아무 탈 없이 활동하며 살아가는 기간으로 평균 수명에서 질병으로 몸이 아픈 기간(유병 기간)을 제외한 기간을 말한다.

과 여가 생활 간 균형 조사에 대한 결과를 살펴보자. 50대 연령층에서 일과 여가가 균형을 이루고 있다고 응답한 비율은 40.2%였다. 여가 생활에 더 집중하고 있다고 응답한 비율은 22.6%, 일에 더 집중하고 있다는 비율은 37.1%였다. 조사 결과를 보면 50대에서 여전히 여가 대비 일에 더 집중하는 비중이 큰 차이(14.5%)로 높게 나왔다. 60대 연령층은 일보다는 여가 생활에 더 집중한다는 비중이 높게 나타났는데 은퇴 영향으로 짐작된다. 여기서 일은 '놀이로서의 일'이 아닌 '벌이로서의 일'이다. 돈을 벌기 위한 목적이기에 스트레스가 많을 수밖에 없다는 사실이 숫자 뒤에 숨겨져 있다.

은퇴 후 일과 재미를 동시에 추구해야 하는 중요한 이유는 첫째, '균형 잡힌 삶'을 만들어준다. 일본 노인정신의학전문의 와다 히데키(和田秀樹)의 저서 《70세의 정답》에 의하면, "노후에 주어진 터무니없이 긴 시간을 유의미하게 보내는 방법은 '공부하기'와 '일하기'다. 안타깝게도 인간의 뇌는 공부와 일 외에는 쉽게 질려버리기 때문이다. 취미와 여행에 빠져 지내는 시간은 기껏해야 2~3년 정도이고 이후에는 이런 삶에 조금씩 싫증 내는 사람이 많아진다고 한다. 일은 인간을 건강하게 오래 살도록 해주고 인생의 충실감을 느끼게 해주며 행복한 노후를 보내게 해준다"고 한다. 일과 재미는 상호보완적이어서 우리를 균형 잡힌 삶으로 안내해준다.

둘째, 자신만의 핵심역량을 보유한 '이상적인 N잡러'가 된다. 'N잡러'는 '두 개 이상의 복수를 뜻하는 'N'과 직업을 의미하는 단

어 '잡(Job)', 사람에게 붙는 접미사 '~러(-er)'가 합쳐진 신조어'
다. 즉 '여러 직업을 가진 사람'을 뜻한다. 이상적인 N잡러는 차별
화된 자신만의 핵심역량을 보유해야 한다. 자신만의 독특한 능력
이기에 금전적인 수입까지 얻을 수 있다. 추가로 자신이 좋아하
는 다양한 재미 포트폴리오도 보유해야 한다. 핵심역량을 보유한
일과 다양한 재미 포트폴리오는 상호 작용하면서 새로운 무언가
를 창출할 수 있다.

셋째, '자아 실현을 추구하는 사람'이 될 수 있다. 은퇴 생활 계
획 분야의 권위자 데이브 휴즈(Dave Hughes)는 그의 저서 《멋지
게 은퇴하는 법》에서 은퇴자의 성향에 대해 이렇게 정의한다. "은
퇴를 영구적 휴가로 여기고, 여가 활동과 놀이로 하루를 만끽하
기를 고대한다면, '재미를 추구하는 사람'이라고 볼 수 있다. 스스
로를 즐겁게 하는 활동을 찾을 때까지 다양한 새로운 것들을 탐
색하고, 은퇴는 자신을 재창조하고 성취감을 찾는 시간이라고 표
현하며, 생각하는 사람을 '자아실현을 추구하는 사람'이라고 분류
한다." 일과 재미를 추구하면 자아실현을 추구하는 사람이 될 수
있는 것이다.

일과 재미, 둘 다 잡은 중국요리 이 선생

"호기심이 발동하면 곧바로 행동으로 옮겨 놀라운 성취를 보여
준다. 먹고살기 위해 일하는 삶이 아니라 즐기기 위해 산다. 아이
디어를 주체할 수 없어서 일하며 산다. 오직 지적 호기심에만 복

종하며 산다." 비전 멘토링 강헌구 대표의 저서 《골든 그레이》에서는 '이경자, 그레이스 리, 중국요리 이 선생'을 이렇게 묘사한다. 전업주부였던 그녀는 미국에서 미용 기술을 배워 국제기능 올림픽 미용 부문 금메달을 받으며 미용의 달인이 되었다. 그런 그녀는 은퇴할 나이가 훨씬 지난 72세에 요리 연구가 '중국요리 이 선생'으로 새로운 인생을 시작했다.

'새롭고 신기한 것을 좋아하거나 모르는 것을 알고 싶어 하는 마음'을 우리는 '호기심'이라고 한다. 인간은 호기심을 잃으면서 늙어가기 시작한다는 말도 있다. 이 선생은 통영에 놀러갔다가 시장에서 펄펄 살아 날뛰는 도미, 물메기 같은 싱싱한 생선들에 끌렸다. "이 싱싱한 재료들로 맛있는 요리를 할 수 있는 음식점을 열면 어떨까?"라는 호기심이 발동한 것이다. 그녀의 늙지 않는 비결은 호기심에서 비롯되었다. 그녀는 재미와 일을 동시에 즐기며 사는 진정한 은퇴자다.

미국의 시인 사무엘 울만(Samuel Ullman)은 청춘이란 '인생의 어떤 한 시기가 아니라 마음의 상태'라고 말한다. 풍부한 상상력과 왕성한 의지력, 인생의 깊은 샘에서 솟아나는 참신함을 뜻한다고 했다. 궁금증, 의문점이 생기면 배워서 자기 것으로 만드는 능력은 타고난 것일까. 돈을 벌기 위해서가 아닌 새로운 것을 시도하면서 재미를 즐길 수는 없을까. 결국 재미와 자기가 하고 싶은 일을 함께할 수 있다면 영원히 청춘으로 살아갈 수 있을 것이다.

일과 재미 둘 다 잡을 수 있는 세 가지 방법

그럼, 이제 본격적으로 일과 재미, 두 마리 토끼를 잡으러 사냥을 떠나보자. 먼저 재미로서의 일을 즐겨라. '일이 즐거울 수가 있나?'라고 반문하는 사람들이 있을 것이다. 은퇴 후 '돈을 벌기 위한 일'이 아닌 '놀이로서의 일'이라면 즐거울 수 있다. 스위스 정신의학자 폴 투르니에(Paul Tournier)는 그의 저서 《노인의 의미》에서 "가치 있는 일을 한다는 즐거움과 여가 활동에서 맛보았던 자유가 결합한 것이 들어설 공간이 있다. 그 공간이 점점 커지고 있다"고 하면서 '제2의 이력' 혹은 '자유로운 이력'이라고 이름을 붙였는데, 나는 '재미로서의 일'이라고 쉽게 표현하고 싶다. 즐거운 일과 자유스러운 여가가 합쳐지면 얼마나 폭발적이고 다양한 삶의 기쁨을 느낄 수 있을지 상상만으로도 기대가 되지 않는가.

재미를 꾸준히 지속하면 '하고 싶은 일의 발판'이 된다. 여가 활동에 새로운 가치를 부여해야 한다. 여가 활동이 일만큼이나 우리를 성장시키고 발전시킬 수 있다. 나의 에피소드를 소개하면, 내 SNS를 본 월매거진 회사로부터 첫 여행 기고 의뢰라는 행운이 찾아왔다. 기고가 처음인지라 첫 문장을 시작도 하지 못하고 전전긍긍했다. 압박감에 시달리며 마감 기한에 간신히 맞춰 제출했다. 과연 내 글을 어떻게 받아들일지 두렵기만 했다. 비록 졸작이지만 인쇄된 글과 사진을 보니 뿌듯했다. 매달 기한 내에 제출하는 일은 여전히 부담이다. 하지만 1년 이상을 지속했더니 일상 중 하나가 되고, 즐거움으로 바뀌었다. 덕분에 책 쓰기에 도전하는 용기까지 생겼다.

마지막으로, '재미 포트폴리오'를 확대하라. 은퇴자가 취미를 의무로 받아들이면 즐거움은 곧 사라진다. 금전적 이익, 유행이 아닌 진짜 즐거움을 추구해야 한다. 현재 보유한 재미 포트폴리오 숫자를 늘려야 한다. 먼저 교육기관을 통해서 자기 관심 분야 2순위 혹은 3순위에 있는 과정을 신청하라. 배움을 통해 관심을 더 두는 것만으로도 좋다. 이어서 관련 책을 읽거나 관련 모임에 참여하라. 앞서 언급한 자신의 핵심역량과 확대된 재미 포트폴리오가 향후 서로 섞이면서 엄청난 시너지 효과가 나올 것이다. 하고 싶은 일은 차별화된 핵심역량으로 소수가 좋지만, 재미 포트폴리오는 늘릴수록 삶이 풍요로워지고 인간관계의 폭도 넓어진다.

　'자기가 열성적으로 좋아하는 분야의 일을 직업으로 삼는다'라는 의미의 '덕업일치'가 크게 늘고 있다. N잡러도 마찬가지다. 즐기던 재미가 일로 발전하는 경향이 대세다. 은퇴 후에 경제적인 이유만으로 일하는 것은 그리 지속하기 어렵다. 재미로 시작해서 꾸준히 지속해 하고 싶은 일의 발판을 만들자. 차별화된 핵심역량을 갖추면 금전적인 보상도 뒤따른다. '재미로서의 일'이 완성되는 순간이다. 여기에 더해서 재미 포트폴리오를 다양화한다면 향후 시너지 효과뿐만 아니라 풍요로운 인생까지 보장된다. '재미로서의 일'을 찾은 순간, '은퇴는 축제'가 된다.

은퇴 후에도 사람의 성장은
계속되어야 한다

"은퇴 후에도 공부해야 한다. 배움을 통해 성장해야 한다"고 하면 무슨 소리냐고 반발하는 사람도 많을 것이다. 배움이나 공부 없이 마음껏 즐겨야 된다고 생각한다면 은퇴 후의 삶은 어떻게 전개될까. 초반에 즐기는 듯하다가 점차 무료함, 우울증 등 정신적 문제가 동반되면서 불행한 삶이 될지도 모른다. 은퇴 후의 배움과 공부는 이전과 다르다. 달라진 배움과 공부를 통해 은퇴 후에도 자신의 성장을 멈추지 않아야 한다. 배움과 공부는 은퇴가 없다. 은퇴 후에도 성장하면 좋은 이유와 성장을 위한 세 가지 방법에 대해 이야기해보자.

이래서 은퇴 후에도 성장해야 한다

KBS의 다큐프로그램 〈세계에서 가장 빠르게 늙어가고 있는 대한민국〉에서는 U3A(The University of The Third Age) 관련 내용이 방송되었다. U3A는 영국의 '인생 3기 대학교'다. 이 대학은 배움의 장소이지 학위나 자격을 얻는 곳은 아니다. 은퇴한 학생들의 자원봉사 활동으로만 운영된다. 14년째 드라마 수업을 듣고 있는 전직 모델 출신 캐서린의 인터뷰 내용이 인상적이다. "저는 아직도 배우고 있고 여전히 배울 수 있는 능력이 있어요. 80세 나이에도 말이에요. 저는 많은 일을 해왔고, 자서전을 쓰기로 결심했어요." 그녀는 남편과의 이별로 매우 힘든 노후를 보내고 있음에도 배움을 통해서 성장과 행복을 동시에 거머쥔 경우다.

은퇴 후에 삶의 성장을 경험하면 과연 무엇이 좋아지는지 알아보자. 첫째, 삶의 질과 만족도가 높아진다. 은퇴 후 공부는 전과 다르다. 강제가 아니다. 스스로 찾아서 하기에 몰입도와 성취도가 더 크다. 또한 배움을 통해서 성장하는 사람은 결코 삶이 지루하지 않다. 관심 분야를 배우러 교육기관 혹은 모임에 참여하게 되면 마음에 맞는 친구를 사귈 수 있다. 그로 인해 인생의 활력소가 된다는 분들이 많아지고 있다. 이런 경험을 반복한 사람들은 나이가 들수록 삶의 질과 만족도가 높아질 수밖에 없다.

둘째, 경험하지 못한 세계로 진입할 수 있다. "다른 사람이 쓴 글을 읽는 데 시간을 투자하라. 그러면 다른 사람들이 힘써 일한 바를 당신은 쉽게 얻을 수 있다." 소크라테스의 명언이다. 무엇보다 먼저 챙겨야 할 인생의 핵심적인 영양제, 책 읽기의 중요성을 강조한 것이다. 특히 은퇴 후 새로운 분야에 도전하는 사람은 경험하지 못한 세계이기에 기회의 문을 열 열쇠가 필요하다. 그것이 바로 책 읽기다. 꾸준한 책 읽기가 은퇴 인생을 바꾼 사례는 넘쳐난다.

셋째, 뇌가 건강해진다. "전두엽은 새로운 정보를 아주 좋아한다. 끊임없이 새로운 지식과 경험을 하면 전두엽의 움직임이 매우 활발해진다." 일본 노인정신의학전문의 와다 히데끼는 《70세의 정답》 책에서 말한다. 그는 글을 쓰는 사람이기에 지금 어떤 책이 잘 팔리는지를 항상 눈여겨본다. 또한 그 책이 왜 인기가 많은지 생각해본다. 그것이 인간의 뇌, 특히 정신적 활동의 중추인 전두엽을 단련시키는 훈련이 되기 때문이다. 물론 베스트셀러 외에도 재미있는 것들은 무척 많으니 다른 사람이 흥미로워하는 분야가 있으면 한번 관심을 가져보라고 그는 조언한다.

글 쓰는 70대 노부부는 이렇게 성장하고 있다

"책을 만든다고? 그것도 공짜로? 시간도 많은데 한번 해볼까?" 하는 호기심이 발동했다. 서울시에서 중장년층을 위한 인문학 프로그램 중 우연히 발견한 '독립출판 책 만들기' 수업이었다. 간략한 자기소개를 시작으로 10주간의 긴 여정이 시작되었다. 책 기획하기, 목차 잡고 원고 쓰기, 디자인하기, 실제 소책자 발행의 단계로 구성되었다. 내 옆에는 70대 부부가 나란히 앉아 있었다. 남편은 대학교 시절 대학 신문사에서 글을 쓴 이래로 지금까지 꾸준히 글과 함께 살았고, 이 과정을 통해서 자서전을 완성하고 싶다는 포부를 밝혔다. 아내는 남편의 영향을 받아서 10년 전부터 일기 쓰는 습관을 이어오고 있다.

강좌에 따라 온라인과 오프라인으로 진행되었는데, 그분들은

70대이다 보니 온라인 미팅 시에는 접속하는 것에 어려움을 겪기도 했다. 하지만 아내는 수업 때 궁금한 내용을 질문하면서 적극적으로 참여하는 열정을 보였다. 드디어 각자 쓴 글과 책 표지 디자인이 인쇄된 책을 받는 마지막 날이 되었다. 결과물이 나온 것을 보고 모두 기뻐서 어쩔 줄 몰랐다. 자신이 기획하고, 손수 작성하고, 디자인까지 한 첫 창작물이기에 감동스러웠다. 특히 70대 부부는 디자인 프로그램을 도저히 할 수가 없어서 딸 찬스를 썼다며 미소를 보여주었다.

몇 달이 지났다. 남편의 책 출간 소식이 있었다. 제목이 《우리말 묘비 찾기》였다. 알고 보니 과정이 끝나자마자 자기소개 때 밝혔던 자서전은 이미 출간했고, 두 번째 책이었다. "첫 작품이 나오니 두 번째, 세 번째도 나오기가 쉽네요. 독립출판 참 멋진 일이네요"하며 모두에게 감사를 전하는 것도 잊지 않았다. 수강생 중 두 사람도 책을 출간했다는 반가운 소식을 전했다. 배움에 그치는 것이 아니라 결과물, 특히 연속된 결과물까지 나온다는 것은 의미가 크다.

어느 동네에서나 마주칠 법한 평범한 70대 노부부다. 두 사람은 인자하고 말이 따뜻했다. 심지어 농산물을 수확했다고 수강생 숫자만큼 포장해서 나누어 주었다. 행동도 따뜻했다. 더욱 아름다운 것은 끊임없이 배운다는 것이다. 배움을 통해 그토록 어렵다는 책을 무려 두 권이나 이미 출간했다. 누군가 "은퇴 후 어떻게 살아야 하나요?" 질문을 하면 뭐라고 답변하는 것이 좋을까? 대답하기 어려운 질문이다. 노부부를 통해서 배운 것을 토대로 나는 자신 있게 이렇게 답해주고 싶다. "배움을 통해 결실까지 꼭 도전해보세요. 또 다른 자신의 성장을 깨닫고, 삶의 기쁨과 함께 의미까지 가져다줄 거예요."

은퇴 후에도 성장할 수 있는 세 가지 방법

은퇴 후 어떻게 하면 계속 성장할 수 있는지 세 가지 방법을 제시하면 다음과 같다. 첫째, 평생 학생으로 남자. 셰익스피어가 주는 중년의 9가지 교훈 중 첫째가 '학생으로 계속 남아라'이다. 하프타임코리아 박호근 대표의 저서 《16만 시간의 기적》에서 '평생 학습자에 도전하라'는 내용이 떠올랐다. "가슴에 뜻을 품고 있는 사람은 나이에 상관없이 힘든 상황에도 배움을 일상화하며 성장을 멈추지 않는다. 그가 바로 '평생학습자'이다. 인간의 학습을 연구해온 힘스트라(Hiemstra)라는 학자가 평생학습의 의미를 '자기주도적 성장 행위(Self-directed Growth Behavior)'라고 정의한 것도 이 때문이다." 일정하게 공부하면서 일상에 패턴을 만들면, 오랫동안 깊이 있게 할 수 있다.

둘째, 배움의 결과물까지 내도록 하자. 관심 분야의 배움을 시도하는 것 자체가 좋다. 하지만 수료에 그치지 말고 배움의 결과물까지 도전하기를 바란다. 나의 경험을 예로 들어보자. 독립출판 10주 수업을 통해서 소책자라는 첫 결과물이 나왔다. 글 내용도 아쉬웠고 책 표지 디자인도 솔직히 마음에 들지 않았다. 그 이후에 시사잡지에 여행 기사를 기고하는 행운을 얻었다. 결과물의

성과에 상관없이 자신도 모르게 성장하고 있는 나를 만나며 뿌듯하기도 하고 더 잘하고 싶은 욕구도 생겼다. 결국 배움과 공부에 그친 것과 어떤 결과물이든 내 손에 쥐어진 것과는 큰 차이다. 배움을 통해 결과물이 나올 때 진정한 성장을 몸소 체험하게 된다.

셋째, 가르치는 즐거움과 배우는 즐거움, 둘 다 누려보자. 내가 어떻게 가르치겠냐고 하는 사람도 많을 것이다. 개그우먼 조혜련 씨는 방송인이지만 중국어를 오랫동안 배웠다. 배우는 동시에 중국어 초보자들을 가르치기도 했다. 방송국에서 찾아주지 않는다고 좌절하지 않고, 자신에게 잘 맞는 강의라는 분야를 발견하고 멋진 인생 2막을 살고 있다. '인간은 가르치는 동안에 배운다'라는 라틴어가 있다. 가르침으로 배울 수 있다는 것이다. 배우다가 가르침의 기회가 찾아올 때가 있을 것이다. 가르치는 즐거움까지 욕심내보자.

"살아 있는 한 부지런히 배워라. 세월이 지혜를 가져다주기를 기다리지 말라." 그리스 철학자 솔론(Solon)의 말이다. 은퇴 후 살아가면서 가끔 배움을 게을리할 때 상기시키며 스스로 돌아볼 수 있는 좋은 글귀다.

은퇴 후에도 왜 성장이 필요한지와 성장하는 방법에 대해 이야기해봤다. 평생 학생으로 남아야 한다. 배움을 통해 자신만의 결과물을 내도록 해야 한다. 이어서 배우는 즐거움과 가르치는 즐거움을 둘 다 누려보자. 이제 성장을 통한 삶의 기쁨을 만끽하는 일만 남았다. '배우고, 웃고, 살자'라는 U3A의 캐치프레이즈가 다르게 다가온다.

Part **2**

은퇴 후
건강한 생산자로
사는 법

은퇴 후에도 평생 현역으로
살아간다는 생각으로 나아가야 한다

2023년 5월 통계청의 조사 결과에 따르면 '앞으로도 계속 일하고 싶다'라고 답변한 고령층(55~79세)이 68.5%로 최고치가 나왔다. '언제까지 일하고 싶은가?'라는 질문에는 평균 73세까지 근로를 희망했다. 장래 근로를 희망하는 고령층 중 '생활비에 보탬'을 이유로 응답한 비율이 55.8%, '일하는 즐거움'은 35.6%에 그쳤다." 은퇴 후 계속 근로를 희망하지만, 일자리도 부족하고 일자리 수준도 양호하지 못한 것이 우리가 처한 엄연한 현실이다. 고민이 커질 수밖에 없는 인생 2막의 중요한 문제 중 하나다. 과연 이런 현실을 뚫고 진짜 평생 현역으로 살 수 있는 방법이 있을까.

평생 현역으로 살면 좋은 이유

"하지 마세요" 하는 가족들의 만류가 심했다. "아니야, 이렇게만 살 수는 없어" 하며 자격증을 어렵게 획득하고 이발소를 개업했다. 은퇴한 교장선생님이 이발사로 변신한 것이다. 유튜브 채널

〈너와 나의 은퇴학교〉에서 '50대가 모르는 진짜 평생 현역의 진실은?'이라는 제목의 강연 중 평생 현역이 된 분의 실제 이야기다. 돈 걱정 없이 내가 좋아하는 일을 할 수 있는 삶을 사는 것이 진정으로 꿈꾸는 진짜 평생 현역이다. 돈 문제가 해결되지 않으면 평생 현역이 아닌 평생 시간 노동자가 될 수도 있다고 경고한다.

평생 현역으로 살면 과연 어떤 점이 좋을까. 먼저, 은퇴 후 2~3년 안에 다가올 위기를 극복할 수 있다. 누구나 어린 시절에 해수욕장에서 파도를 탄 적이 있을 것이다. 예기치 않은 커다란 파도가 강타하면 당황하면서 물을 많이 먹게 된다. 그러나 '저기 오는구나'를 미리 알고 대비하면 오히려 파도타기를 즐길 수 있다. 그와 유사하다. 은퇴 후 그토록 원하던 취미와 여행을 하면서 즐거운 나날이 지속되다가 어김없이 위기가 찾아올 것이다. 재미도 2~3년 지나면 싫증으로 바뀔 수 있다. 반면에 하고 싶은 일을 하며 평생 현역으로 사는 사람은 쉽게 극복할 수 있다. 하고 싶은 일을 하기에 싫증이 나지 않기 때문이다.

둘째, 경제적 고민을 덜어준다. 평생 현역을 하면 하고 싶은 일을 하는 동시에 은퇴 전보다 적은 금액이라도 금전적 보상도 이루어진다. 연금 포럼 강창희 대표의 유튜브 〈방송대 지식+〉를 본 적이 있다. "허드렛일을 해서라도 한 달에 50만 원 벌면 많이 버는 건가요? 적게 버는 건가요?"라고 질문했는데 수강생들은 대답이 없었다. "그러면 정기예금이 2억 원 있다면 많은 건가요? 적은 건가요?"라는 질문에는 "많은 거죠"라고 대답했다. 은퇴 후 돈의 가치를 어떻게 바라봐야 하는지 의미 있는 사례다. "지금 같은 저금리 시대에는 월 50만 원의 근로소득은 2억 원의 정기예금보다 훨씬 소중하다"라고 그는 강조한다. 정기 소득의 중요성을 일깨워준다.

셋째, 자신의 즐거움으로 다른 사람에게 도움을 줄 수 있다. 하고 싶은 일을 하며 평생 현역으로 사는 사람은 미소를 잃지 않는다. 자신의 즐거움은 자연스럽게 다른 사람에게 선한 영향력을 제공할 수 있다. 자신의 실패담과 성공담을 공유하기도 한다. 만약 강연자라면 자신이 쌓아온 지식과 경험 그리고 노하우를 세상에 전달할 수 있다. 참석자 중 한 사람이라도 영향을 받아서 인생에 도움이 된다면 얼마나 보람이 있겠는가. 또한 병원에서 환자를 돌보는 일을 한다고 가정하자. 환자로부터 고맙다는 말을 진심으로 들을 수 있는 기회가 있다면 얼마나 의미 있는 삶인가. 평생 현역은 자신이 굳건하기에 눈길이 다른 사람을 향할 수 있는 것이다.

평생 현역 사례 ① 89세 이순재 배우

"딸들아, 너희들 중 누가 과인을 사랑한다고 말할 수 있겠느냐? 자식 된 도리와 효심을 지닌 자가 짐의 가장 넓은 영토를 차지하게 될 것이니라"라는 질문으로 연극 〈리어왕〉은 시작되었다. "없습니다" vs "모든 비유로 다 할 수 없을 정도로 사랑합니다"의 상반된 답변이 딸들의 운명을 결정짓는다. 리어왕은 바닥까지 추락한 뒤 백성의 고통을 몰랐다고 사과하며, 부자들을 향해 가난한 자들을 돌아보라고 외친다. 지도자의 여민동락(與民同樂)*을 강조

---

* 여민동락(與民同樂) : '백성과 즐거움을 함께한다'라는 뜻이다. 백성과 동고동락하는 통치자의 자세를 비유하는 말이며 《맹자(孟子)》에서 유래되었다.

하는 내용이다. 배우 이순재의 마지막 리어왕 연기라는 소식에 귀가 솔깃했다. 운이 좋게도 앞자리에서 그의 표정 연기와 감정선까지 볼 수 있었다. 89세임에도 주인공 배역이라서 당연히 대사가 가장 많았고, 공연 시간도 200분이나 되었다.

'67년째 연기가 과연 질리지 않는 이유는 뭘까', '고령인 그 분을 무대로 이끌게 한 에너지원은 무엇일까.' 2024년 5월 60회 백상예술대상 특별무대에서 그 이유를 알게 되었다. "항상 새로운 작품, 역할에 대해 도전해야 한다. 새롭게 만들기 위해 공부하고 고민하는 게 배우다. 그래야 새로운 역할이 창조된다. 그동안 연기를 아주 쉽게 생각했던 배우, 이만하면 됐다고 하는 배우 수백 명이 없어졌다. 노력한 사람들이 지금 남아 있는 거다. 연기에 완성이 없다는 게 이거다. 완성을 향해서 고민하고 노력하고 도전해야 한다는 게 배우의 숙명이라고 생각한다." 하고 싶은 일에 끊임없이 도전하는 평생 현역으로 사는 이순재 배우, 따라 하고 싶은 롤모델이다.

평생 현역 사례 ② 99세에 첫 시집을 발간한 시바타 도요

"꿈은
평등하게 꿀 수 있는 거야

나도 괴로운 일
많았지만
살아 있어 좋았어

너도 약해지지 마"

무려 99세에 출간한 《약해지지 마》 시집의 대표적인 시 〈약해지지 마〉의 일부다. 할머니 시인 시바타 도요(柴田卜ヨ)다. 그녀는 배움도 없이 가난한 일생을 보내며, 이혼과 사별도 겪었다. "빨리 죽어야 하는데…"라는 말을 입에 달고 살았다. 아마추어 시인인 아들의 권유로 92세에 시를 쓰기 시작하면서 변신했다. "한 노인의 중얼거림이나 혼잣말 같은 것인데, 이게 사람들에게 힘이 된다니 놀랍고 고맙다"라며 살아 있는 동안 계속 시를 썼다. 시를 통해 삶을 긍정하고 용기 내는 모습, 쉬운 말로 따뜻한 할머니의 음성을 전했다. 그녀는 감동과 함께 위로와 희망을 주는 시를 통해 세상과 소통했던 평생 현역이다.

진짜 평생 현역으로 사는 방법 세 가지

이제 어떻게 하면 진짜 평생 현역으로 살 수 있는지 그 방법을 알아보자. 첫째, 금전적 보상이 낮더라도 하고 싶은 일을 꾸준히 해라. 너무 돈 위주로 일을 선택하게 되면 동력을 잃거나 후회할 수 있다. 처음에는 소득이 아예 없거나 낮을 수도 있다. 그러나 시간이 지나면서 축적된 경험을 통해 일이 발전한다면 경제적 보상도 그만큼 올라갈 수 있다. 눈높이를 낮추고 욕심을 버려라. 하고 싶은 일에 긴 호흡을 가지고 집중하라. 나이에 따른 은퇴가 없는 일을 선택하면 더욱 좋다.

둘째, 자발적 N잡러가 되라. 내가 원하든 원하지 않든 한 가지 직업으로 살 수 없는 세상이 되었다. 더군다나 은퇴 전에 했던 일을 평생 유지하기는 쉽지 않다. 취미로 시작한 일을 하고 싶은 일로 연결하는 활동을 지속하는 것이 중요해진 이유다. 좋아하는 일을 오랫동안 계속했더니 잘하는 일이 되었다는 실제 성공담도 많다. 성공적인 N잡러는 자신의 핵심역량을 키우며, 자신이 좋아하는 일의 포트폴리오를 확대해 가면서 즐거운 삶을 산다. 자발적 N잡러가 되면 향후 변화하는 세상에 잘 적응하면서 진정한 평생 현역이 된다.

셋째, 자신만의 브랜드를 만들자. 자기가 좋아하는 분야의 일을 하되 타인과 차별화시키는 노력을 해야 한다. 나만의 경쟁력을 갖추기 위한 평생학습도 게을리하면 안 된다. 유튜브 방송, 책 출간, 소셜미디어(SNS)를 통해서 일을 의뢰받는 경우가 많아지고 있다. 자신의 가치를 증명하는 것이 과거 대비 쉬워진 측면도 생긴 것이다. 자신의 평판을 차근차근 구축해나가라. 궁극적으로 '○○ 전문가 ○○○', 즉 자기의 브랜드가 만들어지는 순간, 평생 현역이다.

가장 확실한 노후 대비라는 평생 현역은 모두의 바람이다. 그러나 많은 사람은 선택받은 사람의 몫이라고 아예 시도조차 하지 않는다. 하더라도 생계유지를 위한 평생 현역에 머물기도 한다. 변화를 시도해보자. 앞에서 강조한 바와 같이 세 가지 방법을 실천한다면 '진짜 평생 현역'이 될 수 있다. 유명해질 필요는 없다. 평생 현역을 통해서 제2의 인생이 또 다른 자신의 전성기를 만들 수 있다. 나는 죽을 때까지 하고 싶은 일을 하며 살 것이다.

자기 자신이 가지고 있는 고유의 능력을
발휘할 때 경제적 자유가 달성된다

"오늘 짤렸어" 오랜만에 전화한 친구의 첫마디다. "축하한다"라고 짧게 화답했다. "뭘 축하야. 돈이 충분치 않아서 걱정이다"라며 친구는 경제적 자유가 준비되지 않은 것이 큰 고민인 듯했다. "너무 걱정하지 마"라고 위로했지만, 당사자에게는 위로가 되지 않을 것이다. 만약 그 친구가 목표하는 돈이 확보되었다면 경제적 자유를 얻었다고 할 수 있을까? 은퇴 결정의 중요 걸림돌인 경제적 자유가 실제 은퇴자의 삶 속에서 어떤 의미로 다가오는지 궁금했다. 은퇴자금은 얼마가 필요한지, 경제적 자유를 얻은 사례 그리고 경제적 자유를 얻는 방법도 제시하고자 한다.

은퇴 후 경제적 자유, 얼마면 될까?

먼저 은퇴 후에 우리가 살아가려면 얼마의 돈이 필요할까? 국민연금공단에서 발행한 국민 노후보장 패널조사 결과(2021년)에 의하면, 표준적인 생활을 유지하기 위한 적정생활비[*]는 부부 기준으

---

* 적정 생활비 : 표준적인 생활을 하는 데 흡족한 비용을 의미한다. 여기서 생활비는 특별한 질병 등이 없는 건강한 노년임을 전제할 때 드는 비용을 말한다.

로 월 277만 원으로 산정되었다. 이 조사 결과를 바탕으로 한 전문가가 노후 필요 자금을 산출한 영상을 본 적이 있다. 연간 노후 생활비를 3,600만 원(월 300만 원 가정), 은퇴 후 생활 기간 30년, 물가 상승률 3%, 투자 수익률 4%를 가정하면 9억 4,000만 원이 나왔다. 과연 9억 4,000만 원이면 경제적 자유를 얻을 수 있을까?

노후 필요 자금 추정에 활용하는 지표가 하나 더 있다. 가계소비지출이다. NH투자증권 100세시대연구소가 통계청 가계금융복지조사(2022년)를 분석했다(조선일보 2023. 10. 1). 60세 이상 전국 은퇴 가정의 평균 생활비는 월 170만 원이다. 연령대별 월 생활비 그래프는 계단식 감소세를 보인다. 60대에 226만 원에서 70대에는 162만 원으로 줄었고, 여든이 넘으면 121만 원까지 적아졌다. 황명하 100세시대연구소 연구위원은 "퇴직하면 소득이 많지 않아 걱정이라는 사람들이 많지만 그만큼 지출도 크게 줄어든다. 은퇴를 전후로 소비 감소로 50대 현역과 60대 은퇴자의 생활비는 월 431만 원에서 226만 원으로 48% 급감한다"라고 말했다.

그럼 9억 4,000만 원이 확보되면 경제적 자유가 확보되는가에 대한 앞선 질문에 답을 해보자. 답은 그럴 수도 있고 아닐 수도 있다. 왜냐하면 각자 보유한 재산, 직업, 향후 은퇴 계획에 따라 크게 달라질 수 있기 때문이다. 일률적으로 적용할 수 없음에도 언론에서는 월 몇백만 원, 총 노후 필요 자금은 몇억 원, 몇십억 원까지 제시하며 예비 은퇴자나 은퇴자에게 불안감을 조장하고 있는 듯하다. 은퇴자는 그런 것에 현혹되지 말아야 한다. 자기만의 현실적인 금융 목표를 정하고, 목표에 도달하면 지나치게 돈에만 집착하지 않아야 한다.

왜냐하면 돈에 대한 욕심은 한도가 없기 때문이다. 예를 들어 은퇴 후 30억 원을 보유하고 있다면 경제적 자유를 얻었다고 할 수 있을까? 아마도 더 여유 있는 삶을 위해 또 다른 금융 목표를 설정하게 될 가능성이 높다. 그렇게 되면 끊임없이 돈의 노예가 되는 불행한 삶을 살 수도 있다. 그럼 경제적 자유를 위해서는 어떤 것이 필요할까? '생각의 전환'이 필요하다. 경제적 자유를 위해 은퇴 전에 자금 확보를 위해 노력하는 것은 너무나 당연하다. 다만 은퇴 후에는 자기 고유의 능력을 발휘해서 경제적 자유를 달성하는 노력에 집중해야 한다. 그게 이루어진다면 경제적 자유뿐만 아니라 삶의 행복도 얻을 수 있다.

자기 고유의 능력으로 경제적 자유를 얻은 사례 ①
거인 김익한 교수

기록학자인 김익한 교수의 인터뷰 기사를 접했다(한겨레신문 2023. 4. 12). 그는 구독자 25만 명의 유튜브 채널 〈김 교수의 세 가지〉와 온라인 교육 프로그램인 '아이 캔 유튜브 대학'을 운영하고 있다. 그는 안정된 명지대 교수직을 정년보다 3년여 일찍 퇴직했다. 엄마의 꿈을 좇아 살아왔던 자신의 60세까지 삶을 돌아보고, 페르소나가 아닌 본성적인 욕구를 치열하게 찾았다고 했다. "가지고 있는 지식을 이타성 자기 계발의 네트워크를 구축하고 멘토로서 살자. 여행과 경험을 통한 콘텐츠를 제공하면서" 마침내 자신만의 꿈을 설정할 수 있었다고 말한다.

그는 은퇴자에게 "꿈이 있으세요?", "꿈을 꼭 가져보세요"라고 권한다. '이 나이에 무슨 꿈이야. 꿈은 젊을 때나 꾸는 것이지' 하며 즐기면서 편안한 시간을 보내고자 하는 중장년도 상당히 많을 것이다. 꿈을 꾸어야 한다. 그리고 그 꿈을 향해 일상을 살면 삶의 의미도 있고 진짜 재미도 발견하게 된다. 그를 통해 자기 고유의 능력으로 경제적 자유와 꿈을 동시에 추구하는 멋진 거인의 모습을 볼 수 있었다.

자기 고유의 능력으로 경제적 자유를 얻은 사례 ②
프로 N잡러 유홍석 님

'신중년 인생 3모작(2021년)'에서 개인 부문 대상을 받은 유홍석 님의 이야기를 주목할 필요가 있다. 고희의 나이임에도 불구하고 프로 'N잡러'로 인생 3모작을 가꾸고 있다. 육십 중반의 나이에 한국방송통신대학교 중어중문학과에 입학 후 관광 통역안내사 자격을 취득했다. 중국인 관광객을 상대로 비즈니스를 하고자 제주도에 갔으나 한중 관계가 악화하면서 어려움을 겪기도 했다. 도서관 사서, 디카시* 공모전 대상, 시집 발간 그리고 창업 초기 기업을 상담하는 멘토링과 강의 활동도 하고 있다. 최근에는 〈책 읽어주는 할아버지〉라는 유튜브 채널도 운영하고 있다.

은퇴 후 경제적인 이유로 재취업을 하거나 장사를 시작하는 경

---

* 디카시 : 디지털카메라(디카)와 시의 합성어다. 스마트폰에 내장된 카메라로 자연이나 사물을 찍은 뒤 시적 감흥을 담아 짧게 연출한 사진 영상과 문제를 하나로 텍스트화하는 '멀티 언어 예술'이다.

우가 많다. 문제는 지속하지 못하고 그만두는 경우가 많다는 것이다. 왜 이런 악순환이 반복되는 걸까. 주변 환경적인 요인도 있겠지만, 하고 싶은 일이 아닌 이유도 크다. 유홍석 님의 예처럼 자신이 스스로 하고 싶은 일을 시도하다 보면 '자신만의 하고 싶은 일 포트폴리오'가 만들어진다. 설사 한 가지 일이 문제가 생기더라도 다른 일들로 대체할 수 있게 된다는 것이다. 또한 꾸준히 찾다 보면 몰랐던 자신의 고유한 능력을 찾아내고 발휘하면서 성장도 이끌게 된다. 금전적 수입과 함께 정말 하고 싶은 일을 하면서 경제적 자유를 누리는 그의 삶은 자유롭고 즐거운 삶, 그 자체다.

자기 고유의 능력으로 경제적 자유를 달성하는 방법

이제 자기 고유의 능력으로 경제적 자유를 달성하는 세 가지 방법을 알아보자. 첫째, 새로운 자기 고유의 능력을 쌓기 위한 3년을 확보해라. 은퇴 후 첫 3년은 매우 중요한 시기다. 은퇴 후 좋아하는 취미를 즐기되 자신이 하고 싶은 일을 찾는 노력을 멈추어서는 안 된다. 하고 싶은 일에 3년 동안 몰입할 수 있다면 좋은 성과를 얻을 수 있다. 그 성과를 통해 진정한 경제적 자유의 길에 들어서게 된다.

둘째, 보유한 자산 이외에 오래 버는 월 소득을 창출하라. 금융 및 부동산 자산 준비가 잘된 은퇴자라고 가정해보자. 은퇴하자마자 통장은 들어오는 돈은 없고 나가는 돈만 많다. 돈이 있음에도 불구하고 돈을 까먹고 있다는 생각이 들면서 위축되고 자존감이 떨어질 것이다. 비록 적은 금액일지라도 매월 소득이 중요한 이유다. 자신만의 기준으로 매월 소득금액의 목표치를 가능하면 낮게 설정하라. 예를 들면 매월 50만 원으로 시작하면 어떨까? 액수를 늘리기보다 오래 버는 것이 중요하다. 월 소득은 스스로 결정할 수 있는 권리를 확보하고 지속 가능성을 높여준다.

셋째, 돈과 같은 유형 자산보다는 '변형 자산'을 키워라. 노년을 준비하는 사람들은 흔히 유형 자산인 돈부터 걱정한다. 물론 중요하다. 런던비즈니스스쿨 린다 그래튼(Lynda Gratton) 교수가 쓴 책 《100세 인생》에서는 '변형 자산'의 중요성을 강조한다. "'변형 자산'은 '자신에 대한 깊은 이해와 변화를 돕는 다양한 네트워크 접근 능력 그리고 변화에 의연하게 대처하는 능력'을 말한다. 100세 인생을 준비하려면 금전뿐 아니라 무형자산 중 변형 자산에 관심을 더 기울여야 한다." 평생 자신을 변화시킬 수 있는 능력, 즉 '변형 자산'을 키우면 경제적 자유를 앞당길 수 있다.

'각 개인이 자기 의지로 행동하면서 경제 활동을 할 수 있는 자유'를 '경제적 자유'라고 한다. 충분한 돈을 확보하는 것만이 경제적 자유를 보장하지 않는다는 사실을 알게 되었을 것이다. 그럼 새로운 자기의 고유 능력을 쌓기 위해 3년의 시간적 여유를 만들고, 하고 싶은 일을 하면서 월 소득을 확보해야 한다. 또한 유형 자산보다는 변형 자산을 키워야 한다. 이 세 가지 방법을 실천하면 경제적 자유는 성큼 다가올 것이다. 경제적 자유가 시작되었다는 것을 느끼는 순간, 은퇴는 곧 즐길 거리가 많은 공연장이 된다.

금전에 집착하기보다는 경험을 소비하는
행복한 부자가 되어야 한다

"'돈을 많이 벌 수 있을 것 같아서'라고 응답한 비율이 1위로 올라왔다. 초중고 학생들을 대상으로 희망 직업 선택 이유(2018년 대비 2022년)에 관해 물어본 결과다. '내가 좋아하는 일이라서'라는 응답은 2위로 떨어졌다. 최근 직업을 통해 경제적 자유와 안정을 추구하는 경향이 늘고 있다. 반면에, 창의적 도전과 발전 가능성을 추구하는 경향은 줄고 있다." 한국직업능력연구원이 발표한 보고서 〈학생의 직업가치 변화〉 내용을 분석한 연합뉴스 기사다 (2023. 11. 30). 초등학생조차도 금전에 집착하게 되는 것을 보면 현실이 너무도 안타깝다. 돈은 은퇴 후에도 여전히 중요하다. 그러나 돈이 전부는 아니다. 은퇴 후 어떤 부의 기준을 추구하는 것이 좋을지와 행복한 부자가 되는 방법을 알아보고자 한다.

부의 기준과 의미가 이렇게 다르네 한국 vs 미국

KB금융은 매년 〈한국 부자 보고서〉를 발행한다. "한국 부자 기준은 금융자산 10억 원 이상을 보유한 사람으로 정의한다. 경기는 좋지 않았지만, 2023년 부자 수는 전년 대비 7.5% 증가한 45만 6,000명이다. 전체 인구의 0.89%를 차지했다. 부자들이 생각하는 부자 기준은 금융과 부동산 등을 포함한 총자산이 100억 원 이상이었다. 2020년 70억 원이었던 부자의 기준은 유동성 증가 및 자산 가격 상승의 영향으로 2021년 100억 원으로 높아진 이후 3년 연속 이를 유지하고 있다."

해외로 눈을 돌려보자. 미국인이 생각하는 부자 기준은 뭘까? 2023년 3월 미국금융기관 찰스 슈왑(Charles Schwab)이 발표한 〈현대인의 부에 대한 조사〉 결과를 보면 알 수 있다. 미국인은 순자산이 29억 5,000만 원은 돼야 부자라고 생각했다. 놀라운 점은 응답자의 절반 가까운 48%는 순자산 평균이 7억 5,000만 원임에도 자신이 이미 부유하다고 느끼고 있다는 것이다. 반면에 한국은 2023년 한경머니 조사 결과, "6.6%만이 부자라고 생각했다. 심지어 '중산층이다'라고 대답한 사람 비중이 30%밖에 되지 않았다." 두 국가 간 부의 기준 차이가 숫자상으로 확연히 드러났다.

'나에게 있어서 부가 의미하는 것은?'에 대한 추가 설문조사 결과를 보면 미국인의 부의 기준을 좀 더 깊이 들여다볼 수 있다. "미국인 10명 중 7명은 '좋은 물건을 소유하는 것'보다 '살면서 즐거운 경험을 하는 것'을 더 중요시한다. 또한 '주변 사람들보다 돈이 많은 것'보다 '돈 때문에 스트레스를 받지 않는 것'이 더 의미가 있다고 답변했다. 응답자의 약 3분의 2는 '돈이 많은 것'보다 '사랑하는 사람과 건강하게 사는 것'을 중요하게 여겼다." 미국인의 부의 의미가 물질적 풍요를 중시하는 한국과 많이 다름을 알 수 있다.

은퇴 후 무엇보다 중요한 것이 자산의 안정적 확보라고 한다. 돈을 버는 궁극적 목적은 '행복한 삶'이라는 말을 부인하는 사람은 없을 것이다. 그러나 앞의 조사 결과에서 알 수 있듯이 한국인의 부의 기준에 변화가 절실해 보인다. 은퇴 후에는 자신만의 금전적 목표를 현실적으로 재설정해야 한다. 그리고 그 목표를 달성하면 다른 사람과 비교하지 말고 스스로 부자라고 생각하면 어떨까. '내가 스스로 부자라고 생각하면 진짜 부자다'라는 말도 있지 않은가. 즐거운 경험을 하며 사랑하는 사람들과 건강하게 사는 행복을 금전적인 스트레스로 인해 잃어버리면 안 되는 중요한 이유다.

행복한 부자가 되고자 한다면 건물주 vs 여행 작가

'조물주 위에 건물주'라는 농담이 유행했었는데 어느덧 대다수 성인의 꿈이 되어버렸다. 건물주가 된다는 것은 기업가와 연예인들만의 리그였다. 최근에는 일반인들도 접근 가능해졌다. 특히 30~50억 원대의 전 층 근린시설로 되어 있는 꼬마빌딩의 인기가 점점 높아지고 있다. 나의 건물주 경험담은 하나의 사례이지만 현실을 이해하는 데 도움이 되었으면 한다. 나는 꼬마빌딩 강연과 책을 통해 건물에 대한 호기심이 생겼다. 관심 지역 현장을 돌아다니며 실제 빌딩을 살펴보았다. 마음에 드는 건물은 바로 팔리고 매매가는 계속 상승하는 공급자 우위 시장이었다. 6개월의 발품 끝에 차선의 꼬마빌딩을 어렵게 샀다.

꼬마빌딩을 보유하면 밥을 안 먹어도 배부르다는 말은 사실이었다. 꼬마빌딩을 지날 때마다 행복에 겨웠다. 그러나 코로나19와 급격한 금리 상승 여파로 상권이 직접 영향을 받기 시작했다. 공실이 생기고 이자 부담도 커졌다. 그에 따라 빌딩 가격도 가파르게 내려가며 건물주의 시름은 깊어지고 있다. 대출금액 대비 월임대료 차이가 벌어지면서 급기야는 급매로 내놓는 상황이 벌어졌다. 꼬마빌딩을 보유하면, 월세 소득과 빌딩 가치 상승으로 경제적 자유를 얻을 수 있다고 믿었다. 그러나 현실은 그렇지 않았다. 현재는 꼬마빌딩으로 인해 금전적 고민과 함께 삶의 행복감마저도 어디론지 사라졌다.

마을버스로 세계를 일주한다는 불가능해 보이는 아이디어를 실천한 임택 여행 작가를 가끔 만난다. 그분은 조기 은퇴 후 무엇을 해야 하나 고민이 많았다. 그가 저술한 《마을버스로 세계여행》 책에 인상적인 대목이 있다. 어느 날 동네 언덕길을 힘겹게 올라오는 마을버스를 보았다. 쳇바퀴 돌 듯 정해진 코스를 맴도는 12번 마을버스와 대화를 나누는 상상을 했다.
"마을버스야, 너는 죽기 전에 이루고 싶은 소원이 있니?"
"폐차되기 전에 고속도로로 한 번 시원스럽게 달려보고 싶어."
"나하고 세계 여행할래? 고속도로 하나가 아니라, 온 세상의 고속도로를 전부 달려보는 거야."

꿈꾸는 방랑자와 초록색 차가 함께한 677일간의 세계 일정이 시작된 것이다. '볼리비아에 울려 퍼진 아리랑', '국경에서 되는 일도 안 되는 일도 없다' 등 수많은 우여곡절을 겪었다. 귀국 후 놀라운 일이 벌어졌다. 세바시(세상을 바꾸는 시간)에서 1,200명이 운집한 강연을 하게 된 것이다. 책을 출간하고(최근《동키호택》한국판, 영문판이 동시 출간) 강연에 대한 공감이 이어지면서 전국에서 강연 요청이 쇄도하고 있다. 임택 작가는 "마을버스와 함께 꿈을 꾸고 실행한 사람으로서 그리고 꿈을 이룬 사람으로서 지금의 나는 행복하다"라고 말한다. 여행이라는 경험 소비에 투자해서 은퇴 후 행복한 부자로 살고 있는 그는 영원한 청년이다.

은퇴 후 행복한 부자 되는 방법

은퇴 후 행복한 부자가 되는 세 가지 방법을 알아보자. 첫째, '경험 소비로 투자하라.' 새뮤얼 존슨(Samuel Johnson)의 "소비의 달인은 소득의 달인보다 더 큰 부자다"라는 명언이 있다. 소비의 달인은 자신의 유용한 소비 습관을 통해 더 나은 부를 창출할 수 있다는 의미다. "경험을 위한 소비가 투자라고 볼 수 있나요?" 강연에서 한 청중이 질문했다. "경험에 돈을 쓰는 건 괜찮다고 봐요. 내가 좋은 음식을 먹는 것도 '경험'이라고 생각하면 그건 경험이죠."《돈의 속성》책의 저자이자 자수성가의 아이콘 김승호 회장은 이렇게 답했다. 물질이 아닌 경험을 소비할 때 훨씬 행복하다는 최근 연구 결과도 많다. 경험을 위한 소비가 투자가 되어 행복한 부자를 만들어준다는 증거다.

둘째, 절약하며 맞춰 살아라. 은퇴 후 월급이 없어지기에 절약은 선택이 아니라 필수다. 지출을 통한 즐거움이 사라져서 위축되기도 한다. 그 기쁨을 잠시 누르고, 꼭 필요한 것만을 사는 습관을 들이자. 사치스러워 보이는 것은 과감하게 처분하는 게 어떨까. 자가용을 예로 들어보자. 도시의 경우, 대중교통이 촘촘히 발달해서 자가용 대신 웬만하면 지하철 혹은 버스를 타면 목적지까지 불편하지 않게 도착한다. 대중교통을 타기 위해 걸을 수밖에 없다. 당연히 건강에 좋다. 교통비도 절감할 수 있고, 온실가스를 줄여서 기후 위기 대응에 도움이 될 수 있다. 1석 3조의 효과다.

셋째, 아름답게 돈을 쓰자. "장사가 너무 안되던 치킨집이 있었다. "치킨 치킨" 하며 꼬마 동생이 형에게 사달라고 문 앞에 서성거렸다. 형은 5,000원밖에 없어서 망설이고 있었다. 치킨집 사장은 두 형제에게 가장 양이 많고 맛있는 치킨을 대접했다. 꼬마 형은 나중에 프랜차이즈 본사에 감사의 손 편지를 썼고, 주문이 폭주했다." 유튜브 채널 〈인생 수업〉에 소개된 치킨집 사장의 뭉클한 이야기다. 많은 사람이 소득과 투자를 극대화하는 데 너무나 열심이다. 정작 중요한 아름답게 돈을 쓰는 방법을 배워야 한다. 주위의 소중한 사람들을 위해 돈을 쓸 때 행복이 배가된다. 아름답게 돈을 쓰면서 일상의 소소한 행복을 차곡차곡 쌓아라. 진정으로 행복한 부자가 된다.

부의 크기는 단순히 돈의 양으로만 측정되는 것이 아니다. 구글 CBO* 모 가댓(Mo Gawdat)은 "원하는 초호화 차를 샀을 때 2

---

* CBO : Chief Business Officer의 약자로 구글X의 신규 사업 개발 총책임자를 말한다.

분 30초 행복했다"라고 고백했다. 지난여름 몽골 알타이 지역을 여행한 적이 있다. 하루는 게르에서 자지 않고 비박을 했다. 칠흑 같은 어둠 속에서 누우니 하늘에 별이 가득했다. 마침 은하수가 긴 타원형 형태로 하늘을 가르고 음악도 흘렀다. 지금도 그 짜릿하고 행복했던 순간을 잊을 수 없다. 작가 알랭 드 보통(Alain de Botton)은 "진짜 부유한 사람은 돈이 많은 사람이 아니라 밤하늘 별 아래에서 경이로움에 소름이 돋는 사람이다"라고 말한다. 금전적인 집착을 초기화(Reset)하자. 그리고 진정한 행복한 부자가 돼야 한다.

풍부한 경험과 지혜가 켜켜이 쌓인 사람의 글은
깊이가 있고 공감을 얻을 수 있다

대중교통, 특히 지하철을 자주 이용하는 편이다. 지하철을 타면 먼저 주위를 둘러보는 습관이 생겼다. 역시나 스마트폰을 보는 사람들 일색이다. 오늘은 책을 읽고 있는 사람을 무려 둘이나 보았다. 반갑기까지 하다. 오래전 일본 지하철에서 승객 절반 이상이 책을 읽던 모습을 보고 충격받았던 기억이 있다. 은퇴 후 책도 잘 읽지 않는데 글을 쓰라고 하면 의아해하는 사람도 많을 것이다. 매일 글을 쓰라고 하면 마음은 있지만 쉽지 않다고 말한다. 은퇴 후 글을 쓰면 좋은 이유와 전혀 글쓰기를 안 해본 사람도 글을 쓸 수 있는 방법을 소개하니 실천해보기를 희망한다.

은퇴 후 글을 쓰면 좋은 이유

글을 써야 하는 이유를 프랑스 소설가 베르나르 베르베르(Bernard Werber)는 저서 《문명 2》에서 이렇게 말한다. "너 자신을 위해서라도 글쓰기는 꼭 필요하단다. 그걸 명심해. 글을 쓰는 순간,

네 생각이 정리되고 흐름이 생기면서 단단해지는 걸 느낄 거야. 글쓰기는 네 정신에서 약한 것은 내보내고 옹골찬 것만 남겨주어. 네가 가진 진정한 힘이 뭔지 깨닫게 해줄 거야. 네게 닥치는 불행을 숙성시켜 이야기로 다시 태어나게 해줄 거야. 글쓰기는 그 어떤 깊은 대화나 성찰보다도 너를 더 멀리 도약하게 해주지." 그러니 그는 꼭 글을 쓰라고 권한다.

'은퇴 후 왜 글을 써야 하나'라는 질문에 글을 쓰면 이런 점이 좋다고 말하고 싶다. 먼저, 체계적으로 기억할 수 있다. 책 읽기를 예로 들어보자. 책을 읽을 때는 인상적인 문구에 빨간 줄까지 치면서 감동하곤 한다. 다 읽고 하루만 지나도 이상하게 책 내용이 기억이 잘 나지 않는 경우가 허다하다. 글을 쓰는 것은 책 읽기와 다르다. 글을 쓰기 위해서는 더 많이 생각하고 기억하게 된다. 모호하고 단편적으로 알던 것을 분명하게 알게 된다. 체계적인 지식은 또 다른 지식을 지속해서 생산할 수 있게 만든다.

"'나'로 온전하게 살게 해준다." 문장 노동자라 일컫는 장석주 작가의 책 《나를 살리는 글쓰기》에 실린 명언이다. 글을 안 써도 자기의 삶을 살 수 있다. 하지만 글을 쓰면 더 절실하게 온전히 살 수 있다는 뭉클함을 준다. '내가 원하는 것이 무엇인지'와 '삶에서 가치 있는 것이 무엇인지'라는 어려운 명제는 글을 통해 내면과 대화를 할 수 있다. 자신만의 답을 찾기도 한다. 힘들고 치열하게 살아갈 때 글로 표현하면 참으성이 생기고 긍정적 사고로 바뀌는 계기가 될 수도 있다. 둘러싼 일상과 자신의 삶을 의미 있게 바꾼다.

마지막으로 세상이 나를 향해 관심을 두게 한다. 은퇴는 자기가 해왔던 일과 결별함으로써 사회와 느슨한 관계가 되는 과정이다. 행복하기 위한 중요한 요소 중 하나가 관계 형성이다. 과거처럼 관계를 새로 맺는 것이 쉽지 않은데, 글쓰기는 좋은 방법이다. 글을 쓰면 세상과 대화를 시작한다. 다른 사람에게 나를 표현한다. 상대방의 의견도 받을 수 있다. 글을 꾸준히 쓰다 보면 하고 싶은 일이 되기도 한다. 글쓰기를 통해 세상의 관심을 얻게 되면 자신의 브랜드도 생기고 경제적 이익도 따라온다.

'경험'이 켜켜이 쌓인 글과 '공감'을 얻을 수 있는 글

일상은 매일 동일하다고 생각할지 모르지만, 사실은 동일하지 않다. 다른 사람을 만나고, 다른 상황을 마주치고, 다른 곳으로 이동한다. 일상에서 벌어지는 일 속에서 자신이 실제로 해보거나 겪어보는 것 또는 거기서 얻은 지식이나 기능을 '경험'이라고 부른다. 삶의 단계마다 고민과 생각은 달라진다. 그래서 나이가 들었다는 것은 산전수전 힘든 경험도 하고 소소한 행복과 성취감을 맛보기도 했을 것이다. 경험은 사람마다 다르지만 중장년은 그동안 다양한 경험과 지혜를 축적해왔다.

그러한 축적된 경험과 지혜는 자신이 보고 직접 느끼고 배운 것이다. 만약 자기가 경험한 이야기를 글로 쓴다면 독자의 마음을 열 수 있다. 진정성을 가지고 있기 때문이다. 또한 읽는 사람의 마음에 강한 울림을 만들 수 있다. 경험이 녹아든 이야기는 생생한 느낌을 전달하면서 기억에 오래 남는다. 경험은 '나만의 것'이기에 '나만의 글'이 된다. 내가 보고 경험한 내용의 글은 독창성도 있고 의미 있는 글도 된다. 경험과 지혜를 가지고 있는 사람의 삶은 글에 그대로 스며들어 있다.

대통령 연설비서관 출신의 강원국 작가는 《강원국의 글쓰기》에서 공감을 얻을 수 있는 글의 특징을 다음 세 가지로 요약한다. "먼저 쓰려는 대상에 눈높이를 맞춘다. 어린아이라면 무릎을 꿇는다. 장애인이라면 어깨를 부축한다. 감탄, 비탄, 격려, 칭찬, 감사도 함께한다. 둘째, 내 생각을 강요하지 않는다. 일방적 주장은 다른 생각을 하는 사람을 결코 움직이지 못한다. 적어도 내가 당신의 심정과 처지를 알고 있다는 것을 알려줘야 한다. 그래야 객관성과 설득력을 확보할 수 있다. 마지막으로 대상이 처한 상황과 기대하는 바가 파악됐으면 그가 되어 세상을 바라본다. 스스로 연탄재가 되어 보고, 꽃이 돼보는 것이다. 시인은 그렇게 시를 쓴다."

'공감'의 사전적 의미는 '남의 감정, 의견, 주장 따위에 대하여 자기도 그렇다고 느낌 또는 그렇게 느끼는 기분'이다. 독자들의 생각과 감정을 이해하는 방법이 공감이라고 생각한다. 공감을 얻을 수 있는 글의 특징 세 가지를 기억하면서 글을 써보자. 글을 쓰다 보면 삼천포로 빠져서 아예 다시 써야 하는 경우도 생긴다. 그런 과정을 수없이 겪은 후에야 비로소 공감할 수 있는 글을 쓰게 될지도 모르겠다. 풍부한 경험과 지혜를 가지고 있는 중장년의 글은 투박할지는 몰라도 깊이가 있고 공감을 얻을 수 있다. 용기와 끈기를 가지고 도전해보자.

글을 한 번도 안 써본 사람도 글을 쓸 수 있는 네 가지 실천 방법

글을 한 번도 써보지 않은 사람도 다음 네 가지를 차례대로 실천한다면 글을 쓰게 되고, 작가까지 될 수도 있다. 첫째, 글을 쓸 기회를 일부러 만들어라. 작가가 주관하는 글쓰기 강의가 많다. 지자체에서 무료 혹은 낮은 비용으로 진행한다. 글을 쓰는 방법에 대한 강의뿐만 아니라 직접 글을 쓰는 시간도 주어진다. 막상 글을 써보면 '어떻게 첫 문장을 시작해야 할까?' 막막하다. 고민만하다가 한 줄도 쓰지 못하고 '난 안돼' 하며 포기하고 싶어진다. 하지만 수업받은 왕초보 글쓰기 친구들이 서로 격려하며 어려움을 극복할 수 있어서 꼭 시도하기를 권한다. 작가로부터 내가 쓴글에 대한 피드백을 받는 것도 커다란 혜택이다.

둘째, 한 글자 한 글자를 그냥 써 내려가라. 라디오 방송을 듣다가 의미 있는 내용이 들리면 받아 적는다. 책을 읽다가 빨간 줄 친 것을 옮겨 적는다. 오늘 내가 일상에서 본 것도 좋다. 전동 휠체어를 탄 장애인이 지하철에 승차하려고 하는데 들어갈 공간이 비좁아서 사람 간의 갈등이 일어나는 일상의 이야기도 적는다. 여행 중 기차를 타고 도시 간 이동하는 동안에 있었던 인상적인 장면을 묘사해본다. 이런 평범한 일상을 글로 표현하며 쌓아가면 좋다. 처음에는 글도 아닌 글을 쓰지만 시간이 갈수록 더 좋은 글을 쓰려고 노력하게 된다. 글은 첫 글보다 무조건 좋아질 수밖에 없다.

셋째, 자신만의 경험과 일상을 소셜미디어에 글로 남겨라. 꾸준히 글을 쓰는 것은 말처럼 쉽지 않다. 매우 어려운 일이다. 그러나 개방화된 온라인 플랫폼인 소셜미디어에 사진과 함께 짧은 글을 올리는 것은 그리 어렵지 않을 것이다. 자신만의 일상 업로드가 뜻하지 않게 잡지에 기고할 기회를 잡을 수도 있다. 소셜미디어를 통해 잡지사에서 원고에 대한 요청이 오거나, 페친* 혹은 인친**이 연결해주기도 한다. 만약 원고를 시작하면 마감 기한이라는 부담은 있지만, 매월 기고를 통해 글쓰기에 대한 부담감이 사라지는 놀라운 경험을 하게 될 것이다. 꾸준한 원고 작성이 자기 글의 성장을 이끈다.

넷째, 글쓰기를 통해 내가 되고 싶은 목표를 설정하라. 글 쓰는 행위는 험난한 여정이라고 말한다. 다른 사람의 글을 비교하면서 '수준 낮은 글을 계속 써야 하나?', '글감이 더 이상 없는데' 등 다양한 이유로 포기하고 싶은 위기가 찾아온다. '내가 왜 글을 써야 하는지'에 대해 스스로 답변할 수 있어야 한다. 예를 들면, 글 쓰기를 통해서 자기만의 책을 출판하고 싶다, 책 출간을 통해 강연을 하고 싶다, 강연을 통해 경제적 수입도 얻기를 원한다 등의 확실한 이유를 찾으면 이 모든 것이 꿈이 아닌 현실이 될 수 있다.

"내가 쓰고 싶은 이야기를 쓰면 '일기'가 된다. 남도 읽고 싶은 이야기를 쓰면 '좋아요'가 붙는다. 세상에 필요한 이야기를 쓰면 '공유'가 된다. 도움을 주려는 마음을 담으면 '브랜드'가 생긴다." 김종원 작가의 저서 《글은 어떻게 삶이 되는가》에 나오는 공감되는 말이다. 도움을 주려고 하는 마음으로 내가 본 것을 써라. 그러

---

* 페친 : 페이스북 친구
** 인친 : 인스타그램 친구

면 나만의 브랜드가 될 수 있다. 글을 쓰는 작가는 은퇴가 없다. 은퇴가 없는 평생 현역인 작가 되기에 도전하면 어떨까. 설사 작가가 되지 못하더라도 '온전히 나의 삶을 살 수 있기'에 '은퇴 후 글쓰기'는 가치가 있다.

일상이 창작의 무대가 되고 만나는 사람으로 인해 새로운 인생이 펼쳐질 수 있다

　　과거 일상은 늘 분주했다. 학교 가는 아이와 직장 가는 어른이 비슷한 시간대에 충돌하며 일반 가정은 아침부터 난리가 아니다. 반면에 은퇴하면 일상이 완전히 달라진다. 여유로운 듯 보이지만 한가하고 무료함까지 밀려온다. "시선의 높이가 생각의 높이고, 생각의 높이가 삶의 높이다." 철학자 최진석 교수가 저술한 《탁월한 사유의 시선》 책의 한 문구다. 이미 익숙해져 있는 기존의 시선을 교체하기란 무척 어렵다. 그런데 그 무미건조하던 일상에 놀라운 변화가 찾아왔다. 일상을 대하는 시선을 바꾸고, 좋은 사람을 만나면서 새로운 삶이 펼쳐지기 시작한 것이다. 그럼, 일상으로 깊이 들어가보자.

'알찬 일상'을 만들자

　　일본 노년학 전문가인 사토 신이치(佐藤眞一) 교수가 조선일보와 인터뷰를 가졌다(2023. 4. 11). '은퇴 후 일상은 어떻게 찾아야 하나?'에 대한 질문에 이렇게 답한다. "회사원 시절에 주말마다 도서관에 가서 책이나 신문을 읽으면 재미있다. 바쁜 일상이 있는 와중에 경험하는 비일상이기 때문이다. 하지만 매일 갈 곳이 없어 의무적으로 도서관에 가야 한다면, 그리고 그게 일상이라면 과연 즐거울 수 있겠는가. 일상은 단순히 시간을 보내기 위한 것이 아니라, 미래 비전을 가져다줄 알찬 일상이어야 한다. 가령 도서관을 다니는 것이 일상이라면 본인 스스로 관심 있는 주제를 찾고 '블로그에 공유하기, 유튜브로 알리기, 지역 대회에 참가하기' 등 구체적인 세부 목표를 세우고 실천해서 나가면 된다."

은퇴 후 일상은 왜 소중한 걸까. 먼저 자신이 직접 '일상 디자인'을 할 수 있다. 인생 전반전은 나의 선택이 아닌 경우가 많았다. 좋아하는 것을 할 수 있는 시간적 여유가 절대 부족했다. 그러나 인생 후반전은 충분한 시간을 선물 받았다. 따라서 인생 후반전은 주체적인 나로서 '일상의 주인공'이 될 수 있다. 주어진 많은 자유 시간을 소비하려고만 하지 말아야 한다. 여유로운 마음을 가지고 일상의 시간 설계를 꼼꼼히 하자. 자신이 좋아하는 취미, 여행, 좋은 사람과의 만남 등 하고 싶은 일로 가득 채운 '행복한 인생 수강 신청'을 해보자. 무료한 일상이 즐거운 일상이 된다.

둘째, 일상은 '반복과 습관화'를 통해 자신을 성장시킨다. "반복적으로 무엇을 하느냐가 우리를 결정한다. 그렇다면 탁월함은 '행위'가 아닌 '습관'이다." 아리스토텔레스(Aristoteles)의 명언이다. 일상에서 소소한 일정을 반복하면 습관이 된다. 평상시보다 30분 일찍 일어나서 자신이 하고 싶은 루틴을 꾸준히 실천해보라. 일상에서 자신의 새로운 세계를 만들어가는 기쁨을 누릴 수 있다. 향후 꿈을 실현해줄 알찬 일상도 된다.

셋째, 일상에서 좋은 사람과의 만남을 통해 영감과 아이디어를 발견할 수 있다. 직장 생활 시 고객을 만난 후에 피곤했던 적이 있을 것이다. 자신의 성과를 내기 위함이 주목적인 경우가 많았기 때문이다. '역시 인간관계는 참 힘들어'라고 자신을 위로하면서 또 고객을 만나곤 한다. 은퇴 후에는 성과나 이익이 아닌 진정으로 좋아하는 사람을 만나야 한다. 얼마나 힘들었는지, 어떻게 극복했는지, 현재 근황과 향후 어떻게 살아갈지 등에 관한 상대방의 이야기를 들을 수 있다. 이러한 소중한 경험을 들으면서 문득 영감과 아이디어를 발견할 수 있다. 그 뜻하지 않은 발견은 자신이 하고 싶은 일을 구체화하는 데 도움을 줄 수 있다.

의미 부여자 vs 의미 박탈자

정신건강의학과 전문의 전미경이 쓴 《당신은 생각보다 강하다》라는 책에서 상반된 의미의 두 단어가 눈에 띄었다. '의미 박탈자'와 '의미 부여자'다. "먼저 '의미 박탈자'는 존재 이유와 삶의 목적을 갉아먹는 에너지 뱀파이어다. 친구라는 허울을 뒤집어쓰고 적당히 이용하는 사람이다. 친구들이 자신을 이용하는 것을 알면서도 만남의 끈을 놓지 못한다. 반면에 '의미 부여자'는 상대방에게 존재 자체의 의미를 부여해주며 인생의 목적과 방향성을 보여주는 에너자이저다." 2022년 반 클라이번 국제 피아노 콩쿠르에서 최연소로 금메달을 수상한 임윤찬은 "내 인생의 모든 것에 영향을 주셨다"고 스승에게 감사한다. 그의 스승인 손민수 교수는 의미 부여자다.

은퇴 후에는 회사 일로 연결되어 만났던 인간관계가 한순간에 사라져버린다. 만나야 할 사람에 대해 오히려 더욱 고민이 깊어질 수밖에 없을 것이다. 외로움과 한가로움으로 인해 의미 박탈자를 붙들고 싶은 욕구가 더 강해질 수 있다. 굳이 내키지 않는 독이 되는 만남은 과감하게 단절하자. 좋은 사람을 만나기 위해서는 독이 되는 인간관계 정리를 통해 좋은 사람이 들어올 공간을 마련하는 것이 우선순위가 되어야 한다. 그러면 곧 좋은 사람을 만나게 될 것이다.

좋은 사람은 과연 어떤 사람일까? 좋은 사람을 알아보는 눈을 길러야 한다. 앞에서 언급한 책에서 의미 부여자의 다음 공통점이 도움이 되기를 바란다. "항상 장점을 언급하고, 결과가 아닌 과정을 중시한다. 상대방을 목적으로 여기며, 개별성과 차이를 인정한다. 또한 행위 자체보다는 내면에 있는 정서나 깨우침, 사고 등을 중요하게 여긴다. 그리고 나눔의 미학을 알고 있고, 인생의 의미와 가치를 고민하며, 상대방에게 고마워한다." 추가로 잊어서는 안 되는 것이 있다. 좋은 사람을 찾되, 자신이 좋은 사람이 되도록 노력해야 한다는 것이다.

알찬 일상과 좋은 사람과의 만남을 통해 새로운 인생을 펼치는 방법

알찬 일상을 누리면서 좋은 사람과의 만남을 통해 새로운 인생을 펼칠 수 있는 세 가지 방법을 알아보자. 먼저 은퇴 후 '일상의 독립영화 감독의 시선'으로 일상을 살자. 영화나 연극, 운동 경기 따위에서 일의 전체를 지휘하며 실질적으로 책임을 맡은 사람을 '감독'이라고 칭한다. 특히 독립영화는 제작자나 투자자들의 자본과 지원을 받지 않고 만드는 영화, 즉 독립자본 영화를 말한다. 만약 영화감독이라면 주로 영화 제작을 위한 연출을 하고, 작품의 주제를 분석하고 대본을 분석해서 배역을 선정한다. 끝으로 촬영 계획을 세우고 촬영 진행을 조정한다.

그럼, 은퇴 후 '나만의 일상의 독립영화 감독'은 어떤 일을 하는지 궁금할 것이다. 일상 곳곳에는 소재가 무궁무진하다. '일상에서 벌어지는 소소한 일들의 이야기'가 '시나리오'가 된다. '자신이 좋아하는 것과 하고 싶은 일'이 바로 '작품의 주제'가 될 수 있다. 다른 사람이 아닌 자기 스스로 주제를 정한다는 것은 의미가 크다. 시나리오와 작품의 주제가 정해졌으니, 배역을 선정할 차례다. 바로 '일상에서 만나는 좋은 사람'이 바로 '주연과 조연 배우'다. 일상은 창작의 무대라고 한다. 자신을 둘러싼 소소한 일상에서 독립영화 감독의 시선으로 살 수 있다면 보다 더 '알찬 일상'을 창의적으로 만들 수 있다고 확신한다. 앞으로 일상의 독립영화 감독이 많이 나오기를 기대해본다.

선택적으로 좋은 사람을 만나라. 나이가 들면 오래된 친구지만 1년에 한 번도 만나지 않는 경우도 많다. 서로 바쁘게 살고 있어서 어쩔 수 없다고 평계를 대지만 멀어진 관계망을 단기간에 회복하기는 쉽지 않다. 오히려 소셜미디어 친구들이 자신의 일거수일투족을 잘 알고 있다. 훨씬 더 큰 애정을 보여주고 서로 축하하고 격려하면서 더 가까운 네트워크가 되고 있다. 은퇴 후에는 외로움을 달래기 위한 만남을 하지 않아야 한다. 좋아하는 사람을 만나야 한다. 좋아하는 사람과 식사하고 음악을 듣는 것 자체만으로도 행복하다. 좋아하는 사람을 만나다 보면 그런 사람들끼리 어울리게 된다.

마지막으로 새로운 모임에 가입하고 역할을 맡아라. 기존에 유지했던 좋은 만남은 당연히 지속해야 한다. 은퇴 후 좋아하는 취미가 생기면 새로운 모임에 가입하면 좋다. 새로운 사람, 낯선 분야와의 결합으로 새로운 변화가 일어난다. 새로운 모임에서 가능하면 역할을 맡아라. 역할을 맡으면 보다 긍정적이고 봉사 정신이 강한 운영진들을 만나게 된다. 누군가를 위해 노력하는 보람도 생기고 그들을 통해 또 다른 인맥으로 연결되어 자신이 하고 싶은 일에도 도움을 받을 수 있다.

"행복은 일상의 작은 즐거움에서 비롯된다. 행복은 일상적인 순간들의 합이다"라는 작자 미상의 말이 구전으로 전해진다. 그만큼 유명한 사람의 명언이 아닌 누구에게나 통용되는 진리가 아닐까. 무료하기만 했던 은퇴 후 일상에 대해 먼저 시선을 바꾸어보라. 일상을 직접 설계하며 의미를 부여하기 시작하면 일상에서 소소한 기쁨을 맛보게 된다. 일상의 독립영화 감독의 시선을 가지고 좋은 사람들과 만나고 모임에 가입해서 적극적으로 활동해보자. 자신만의 루틴이 생기면서 알찬 일상, 새로운 인생이 펼쳐진다.

은퇴 후 건강수명을
늘리는 방법이 있다

"몇 살 줄었어요?" 건강 검진 후 나온 분석지를 보며 묻는다. 동일 연령 사람들과 비교했을 때 노화가 빠르거나 느리게 진행되고 있음을 숫자로 나타낸 '종합 생체나이'가 관심사였다. 오래 살고 젊어지고자 하는 욕구는 나이 불문인가 보다. 그러나 정작 관심을 가져야 하는 것이 '유병 기간'이다. 유병 기간은 기대수명에서 건강수명을 뺀 것을 의미한다. 2022년 통계청 자료에 의하면, 유병 기간은 남자의 경우 14.8년, 여자의 경우 19.1년인데 관건은 건강수명을 어떻게 늘릴 수 있는가에 달렸다. 몸이 아파 병상에 누워서 오래 산다면 자신뿐만 아니라 주위 사람들은 얼마나 많은 고통을 받겠는가. 건강수명을 늘리기 위한 세 가지 운동이 좋은 이유와 실천하는 방법을 제시하고자 한다.

걷기, 근육, 뇌 운동이 이렇게 좋구나

2022년 통계청 자료에 의하면, "65~74세 고령자 중 32.8%가 '자신의 건강 상태가 좋다'고 답했다. 10년 전보다 증가했지만,

OECD 평균인 68.5%보다 훨씬 미치지 못한다. 건강관리를 실천하기 위해 아침 식사 비중이 가장 높았고, 정기 건강 검진, 적정 수면, 규칙적 운동 실천율이 증가하는 추세를 보였다. 특히 규칙적 운동 실천율이 44.3%에서 54.5%로 큰 폭으로 증가했다. 또한 일상생활에서 스트레스를 느끼는 비율도 37.6%가 나왔는데 10년 전보다 17.6%가 감소한 결과였다." 건강 관련 지표가 과거 10년 전 대비 향상된 것은 고무적인 결과이나 개선의 여지가 여전히 많다.

건강수명을 늘리기 위해서 걷기, 근육, 뇌 운동을 하면 좋은 이유에 대해서 알아보자. 다리와 무릎이 불편해서 좋아하는 취미 생활을 못 하면 어떻게 될까. 상상하기도 싫은 상황을 피하려면 걷기를 게을리해서는 안 된다. 걷기를 하면 심폐 기능이 향상되고, 혈액 순환이 촉진되어 심장질환 예방 효과가 있다. 체지방을 감소시켜 비만을 개선하고 당뇨, 고혈압, 고지혈증 등 성인병을 예방하고 치료하는 데도 도움이 된다. 지속해서 뼈를 자극하여 골밀도를 유지 및 증진해 골다공증도 예방한다. 또한 스트레스, 불안감, 우울증을 감소시켜 정신 건강에 도움이 되고, 면역력 향상에도 효과가 있다.

'근육은 연금보다 강하다'라는 신조어도 있다. 근육은 에너지 저장 창고다. 근육량은 30대부터 서서히 줄어들기 시작하며 60대에 접어들면 근육 손실이 많이 증가한다. 근육운동을 하면 근육량과 체력을 유지하고, 자세가 좋아지며 자신감이 생긴다. 근력운동을 하면 칼로리 소모로 다이어트에도 상당히 유리하다. 나이가 들면 관절이 약해지고 아프기 쉽다. 근육이 강해지면 균형감으로 인해 부상 위험이 감소된다. 또한 건강수명에서 매우 중요한 요소가 잠인데, 근육운동으로 수면이 연장되는 효과가 있다는 결과도 밝혀졌다.

"외워도 금방 까먹어서 못 하겠어." 자격증 취득을 목표로 공부하는 한 중장년 지인이 힘겨워한다. 일본 노인정신의학전문의 와다 히데키는《70세의 정답》책에서 기억력은 뇌 기능상 75세까지는 떨어지지 않으며 급격히 떨어지는 쪽은 기억력이 아니라 '기억하려는 의지'라고 강조한다. 또한 어른이 되면 기억력이 떨어진다는 상식을 깬 영국 런던대학의 인지신경과학자 엘리너 맥과이어(Elenor McGuire) 박사의 택시 운전사와 일반인의 뇌 비교 연구 결과를 소개한다. 택시 운전 경력이 30년을 넘는 원로 운전사들은 해마*의 부피가 일반인보다 3%나 컸다. 시간대에 따른 교통 혼잡도 등 기억한 내용을 끄집어내는 작업을 매일 반복하는 동안 해마의 신경세포가 늘면서 크게 발달한 결과다. 뇌세포는 훈련에 따라 충분히 발달할 수 있으니 은퇴 후 뇌 건강을 등한시하면 안 된다.

104세 건강수명 비결 일상생활 자체가 운동

104세의 김형석 연세대 명예교수는 저서《백년을 살다보니》에서 그의 건강 비결에 대해서 이렇게 이야기한다. "언제나 바쁘게 지냈기 때문에 자유로운 시간에 혼자서도 즐길 수 있는 수영을 택했다.

---

* 해마 : 대뇌변연계의 구성 요소로서 기억의 입력을 관장하는 부위다.

수영과 더불어 운동 아닌 운동은 걷는 일이다. 하루에 50분 정도는 걷는다. 방이 2층에 있어서 하루에도 몇 차례씩 계단을 오르내리고 대중교통을 이용한다. 버스나 지하철을 타기 위해서라도 상당히 긴 거리를 걷고, 버스나 지하철을 골라 타는 것이 정신적 운동도 된다." 그는 일상생활에서 운동을 통해 건강수명을 늘려가고 있다.

"운동이 건강을 위해 필요하다면 건강은 무엇을 위해 있는가. 나에게는 일을 하기 위해서다. 일이 목적이고 건강은 수단이다. 나에게는 일이 건강의 비결이다. 일을 사랑하고 열심히 일하는 동안은 그 일 때문에, 또 일을 성취해나가는 기간에, 어떤 인간적 에너지가 작용해 건강을 돕는다"라고 말한다. 일을 사랑하는 사람들이 건강하고 장수하는 편이라며 대표적인 두 사람을 예로 든다. 철학자 칸트(Immanuel Kant)는 학문에 대한 열정과 일로 80세까지 살았다. 슈바이처(Albert Schweitzer) 박사는 60년간 아프리카 환자를 돌보며 90세를 넘길 때까지 일을 계속했다.

김형석 교수는 104세임에도 건강수명을 잘 유지하고 있다. 책과 칼럼을 쓰면서 전국에서 강연한다. 이제는 비록 앉아서 강연하지만 메시지 전달은 여전히 또렷하고 감동을 전한다. '어떻게 하면 가능할까?' 하는 의구심이 들었다. 특별한 비법은 없었다. 건강수명을 늘리기 위해 생활 속에서 걷기운동을 꾸준히 규칙적으로 한 것이 비결이었다. 한 가지 더 추가한다면 자기 일을 하고 싶어서 운동을 게을리하지 않았다. 그러다 보니 신체적 건강과 정신적 건강이 상호작용하며 균형을 유지할 수 있었다. 일을 사랑하는 사람이 건강수명도 길다.

건강수명을 늘리는 실천 방법

　은퇴 후 건강수명을 늘리는 실천 방법 세 가지를 제시하니 일상의 루틴으로 만들어보자. 첫째, 하루 7,000보 이상 걸어라. 2023년 〈한겨레신문〉에 따르면, "국제 공동연구진은 22만 7,000명, 7년의 데이터를 분석한 결과를 '유럽 예방 심장학 저널'에 발표했다. 하루 2,300보(1.6~1.8km 혹은 보통 걸음으로 25분 거리)부터 심혈관 질환으로 인한 사망 위험이 감소하기 시작했다. 7,000~13,000보를 걸으면 조기 사망 위험이 49% 감소했다." 건강 효과가 생각했던 것보다 더 적은 걸음 수부터 나타남을 알 수 있다. 이제 매일 7,000보 이상 걷기만 하면 된다.

　둘째, 일상에서 생활 걷기를 해라. 꾸준히 실천하려면 일상에서 걷는 것이 목표를 달성할 가능성이 매우 높다. 피트니스센터에 가는 방법도 있지만 중도에 하차하는 경우가 많고 비용도 부담될 것이다. 일상에서 어떻게 걷기를 실천해야 할까. 차 사용을 자제하고 대중교통을 이용해보라. 특히 지하철 혹은 버스 이동 시 일부러 한 정거장 전에서 내려서 목적지까지 걸어가는 방법도 좋다. 은퇴 후에는 시간적 여유가 있기에 가능할 것이다. 효율보다는 건강수명을 늘리는 습관으로 변경하자. 건물 내 이동 시 엘리베이터 대신 계단을 이용하는 것도 쉽게 할 수 있다. 습관이 되면 기대수명은 저절로 늘어난다.

　셋째, 주 3회 이상 근육 운동하라. 2023년 〈한겨레〉에 따르면, 오스트레일리아 에디스코완대와 일본 니가타의료복지대 연구진은 아령으로 3초간 최대의 힘을 주어 단 한 번 이두박근 운동을 하는 실험 결과를 발표했다. 원심성 운동*을 단 한 번만 해도 한 달 만에 팔의 근력이 평균 15% 증가했다. 하루 3초 주 3회 운동으로 최소한 효과를 볼 수 있는 티핑 포인트(임계점) 횟수를 찾아낸 연구 결과였다. 반면 주 2회 운동한 사람들은 어떤 근육에서도 개선 효과가 나타나지 않았다." 일주일에 가능한 한 자주 짧게 운동하기만 해도 큰 효과가 있음을 보여준다.

사실 우리는 건강하게 사는 방법을 대부분 알고 있다. 문제는 이런 것을 알고 있음에도 꾸준한 실천은 매우 어렵다는 것이다. 얼마 전에 40대 미국 억만장자가 10대 시절 몸으로 돌아가기 위해 연간 25억 원을 써서 화제였다. 2년간의 노력 끝에 생물학적 노화 정도를 5.1년 개선하는 효과를 보았다고 한다. 그만큼의 돈도 없지만 투자할 필요도 없다. 누구나 쉽게 할 수 있는 매일 7,000보 일상생활 걷기와 근육운동 주 3회를 꾸준히 규칙적으로 실천하자. 그러면 신체적 건강뿐만 아니라 정신적 건강까지 균형을 잡아준다. 활력 있는 중장년의 삶을 누릴 수 있게 해준다.

---

* 원심성 운동 : 아령을 들고 팔에 힘을 주면서 어깨 쪽에서 엉덩이 아래쪽으로 천천히 팔을 펴는 운동이다.

생애 설계 5개 영역은 모두 균형을 맞추어야 한다 :
일, 재미, 관계, 건강, 경제력

중국 고전 〈장자〉 양생주 편에 "우리의 삶은 끝이 있고 알고자 하는 바는 끝이 없다"라는 말이 나온다. 여기서 유래한 '생애(生涯)'는 한 사람이 태어나서 사망할 때까지 한평생의 기간을 의미한다. 굳이 '생애 설계'가 필요한 이유가 뭘까. 수명은 길어지고, 은퇴는 빨라지면서 미래는 점점 예측하기 어려워졌다. 이를 대처하기 위해 자신의 생애 목표를 수립하고, 실현 방법을 계획함으로써 개인과 가족의 균형 있는 생활을 이루어나갈 수 있기 때문이다. 실제 생애 설계 영역에서 어려움을 겪고 있는 사례를 포함한 한국인의 생애 설계에 대한 현재 인식을 알아보자. 이어서 최적 생애 설계를 위한 실천 방법도 제시하고자 한다.

한국인의 생애 설계 현주소

〈2023 KB 골든라이프 보고서〉를 보면 생애 설계 관련 현주소를 알 수 있다. "'행복한 노년을 위해 가장 중요하다고 생각하는 생활

부문'에 대해 질문했다. 결과는 '건강(35.7%)'과 '경제력(30.1%)'이 삶의 양대 기둥으로 꼽혔다. 뒤이어 '가족·지인 관계(13.1%)'와 '사회활동(10.8%)', '여가 활동(10.3%)'의 순으로 나타났다. 부문별 준비 정도*에 대해서는 '가족 지인 관계'가 4.11점으로 가장 준비가 잘된 것으로 나타났고, 다음으로 '건강(3.94점)', '여가 활동(3.65점)', '사회활동(3.64점)'의 순이었다. 반면 '건강'과 함께 행복한 노후를 위해 중요한 생활 부문으로 꼽힌 '경제력'은 3.21점으로 준비 정도가 가장 미흡했다."

앞서 보고서 내용을 보면 건강과 경제력이 확보되면 행복한 중장년의 인생 2막이 펼쳐질 것 같은 생각이 들 것이다. 여전히 두 가지에만 집중하는 사람도 제법 많을 것이다. 돈과 건강은 중요하지만, 전부는 아니다. 다른 준비도 반드시 필요하다. 돈과 건강뿐만 아니라 재미, 하고 싶은 일, 관계 즉 생애 설계 5개 영역이 모두 균형을 맞추도록 준비하고 실천해야 한다. 그렇지 않으면 부족한 한 가지로 인해 불행한 중장년의 삶을 살 우려가 매우 크다.

흥미로운 또 다른 질문도 눈에 띄었다. "노후생활 만족도 및 애로사항에 대해서 은퇴 전과 후를 비교한 결과다. 은퇴 후 가구는 '만족한다'라는 응답률이 49.6%로 은퇴 전 가구 38.9%와 비교해 10.7%p 만족도가 높았다. 은퇴 후 가구가 실제 경험한 노후생활 애로사항과 은퇴 전 가구가 예상한 애로사항도 비교해보았다. '자산관리'와 '배우자·가족 간병'에 대해서는 은퇴 전 가구가 훨

---

* 준비 정도 : 1점(전혀 준비되어 있지 않다)부터 7점(잘 준비되어 있다)의 7점 러커트 척도(Likert scale)로 측정했다. 러커트 척도는 전체 득점과 가장 가깝게 상관된 점수의 항목을 사용해 구성된다.

씬 심각한 문제로 인식하고 있었다. 다음으로 '음식·요리', '생활용품 구입', '집안일'은 은퇴 후 가구가 은퇴 전 가구에 비해 더 심각한 애로사항으로 예상했다." 이 결과를 보면 은퇴 전 가구가 노후생활에 대한 이해도가 아직 부족한 부분이 있음을 보여준다.

은퇴 전 준비를 철저히 하라는 조언을 많이 들을 것이다. 당연히 도움이 된다. 그러나 은퇴 후는 상기 조사 결과처럼 생애 설계 항목에 따라서 이해도가 크게 달라지기도 한다. 예를 들면 은퇴 후 하찮은 일이라 신경 쓰지 않았던 '음식·요리', '집안일'에서 뜻하지 않은 갈등이 생기기도 한다. 은퇴 후의 삶에 대한 만족도는 사람마다 큰 차이를 보인다. 생애 설계 5개 영역에 걸쳐서 모두 균형을 맞춘 사람이 바로 행복한 은퇴 후 삶을 산다. 즉 하고 싶은 일, 재미 추구, 좋은 인간관계 형성, 꾸준한 건강관리 그리고 경제력도 갖춰야 하는 것이다.

은퇴자가 실제 어려움을 겪고 있는 사례 경제력, 건강, 일

2022년 9월 아웃소싱타임스가 절반 가까운 고학력 대기업 출신을 포함한 은퇴자 및 은퇴 예정자와 인터뷰를 가졌다. 은퇴 후 경제력, 건강, 일로 실제 겪었던 생생한 어려움이 그대로 드러나 있다. 자신과 다른 그들만의 어려움이라고 생각하는 사람도 있겠지만, 아마도 은퇴자들은 상당 부분 공감할 것이다. 은퇴를 준비하는 사람들에게도 현실적인 조언이 될 것이다. 은퇴 전 자금에 대한 준비뿐만 아니라 나머지 항목도 많은 시간이 소요되는 것이니만 큰 최적의 생애 설계가 필요함을 인식하는 계기가 되었으면 한다.

대기업을 다니다 퇴직한 A 씨(61세)는 "51세라는 비교적 젊은 나이에 퇴직 후 카페 창업을 시도하다 퇴직금을 모두 날렸다. 이후 현재까지 노후 자금을 마련하지 못해 고생하고 있다. 젊은 날 뭣도 모르고 창업을 시도했던 지난날에 대한 후회가 막심하다. 이후 창업에 대한 모든 것을 다시 공부해 현재는 창업컨설팅을 진행할 정도로 전문가로 성장했지만, 은퇴 후 여유자금이 아직도 큰 문제다"라고 토로한다. 대기업 은퇴자라도 은퇴 후 돈 문제에서 자유롭기 어렵다는 본보기다. 특히 준비되지 않은 창업은 위험성이 훨씬 크다. 은퇴 후 창업을 위해서는 철저한 사전 준비와 경험이 요구된다.

건강 문제로 힘든 노후를 보내고 있는 B 씨(63세)도 있다. "은퇴 후에 혈압과 당뇨, 척추관협착증으로 고생하고 있다. 은퇴하면 등산도 가고 봉사활동도 다니면서 의미 있는 인생 후반전을 보내리라 생각했지만, 요즘은 우울증 약까지 먹고 있다"라며 건강에 대해 하소연한다. 이번 설문조사에서도 "건강이 걱정이라고 답한 은퇴자 가운데 35%가 고혈압, 고지혈증, 당뇨 등으로 약을 복용하고 있었다. 이외 허리나 무릎 등 관절에 이상이 있어 치료받고 있다고 응답자도 15%에 달했다." 이처럼 은퇴자들을 위협하고 있는 건강 문제는 일상에서 반복적인 운동을 통해 사전에 방어하는 것이 최선책이다.

은퇴자 C 씨(62세)는 재취업 문제로 힘들어하고 있다. "55세로 은퇴했는데 60세 전까지는 그래도 은퇴 전 대기업에서 받았던 임금의 절반 정도로 중소기업 몇 군데를 전전했다. 하지만 60세 이후에는 그나마도 받아주는 회사가 없어 그동안 평생 해온 일과는 전혀 무관한 정부의 노인 일자리를 지원해서 하고 있다." 은퇴자들의 취업 문제를 극복하기 위해서는 정부가 나서서 은퇴자의 재능에 맞는 일자리 매칭 노력도 필요하지만, 결국 나이가 들어도 할 수 있는 분야에서 자신이 하고 싶은 일을 찾는 노력을 해야 한다.

최적 생애 설계 실천 방법

그럼 생애 설계 5개 영역의 균형을 맞출 수 있는 실천 방법은 어떤 것이 있을까. 먼저, 생애 설계 자가 진단을 받아야 한다. 자신의 생애 영역별 수준을 객관적인 숫자로 파악하는 것이 중요하다. 그 결과를 토대로 자신만의 최적 인생 설계를 하자. 예를 들면, 서울시 50플러스포털에서 생애 설계 자가 진단을 무료로 받을 수 있다. 4대 영역 즉 일, 활동, 관계, 재무를 스스로 점검할 수 있는 체크리스트 형태의 진단지다. 진단 후 50+세대 평균 대비 높고 낮음을 표기한 자기 점수 결과를 받는다. 또한 현재 상태 진단과 향후 개선할 내용도 알려준다.

자신만의 인생 투자 포트폴리오를 짜라. '포트폴리오'라는 말은 원래 '서류 가방이나 서류 집'을 뜻하는 어휘다. 금융 시장에서 투자 대상에 자금을 분산 투자해서 운영하는 일로 잘 알려져 있다. 전문가에 맡기는 것은 현실적으로 어렵다. 자신이 직접 생애 설계 5개 영역에 일일이 목표를 세우고 실천 방안을 만들어보자. 이 책에서 5가지 영역에 대한 실천 방안을 제시했으니 참고해서 자신만의 인생 투자 포트폴리오를 작성하라. 그리고 꾸준히 규칙적으로 실천하라.

마지막으로 '최소량의 법칙'을 명심하자. "생물체의 생장은 필요로 하는 성분 중 최소량으로 공급되는 양분에 의존한다"라는 '리비히의 최소량의 법칙'이 있다. 다른 말로 표현하자면, '어떤 원소가 최소량 이하이면 다른 원소가 아무리 많아도 생육할 수 없다'라는 의미다. 생애 설계에도 적용할 수 있는 이론이다. 예를 들어 어느 날 건강이 심각한 상태가 되었다고 가정하자. 건강으로 인해 나머지 4개 영역도 제대로 역할을 하지 못하게 된다. 행복했던 삶이 갑자기 불행해질 수도 있다. 생애 설계 5개 영역이 균형을 반드시 유지해야 하는 명백한 이유다.

'어느 한쪽으로 기울거나 치우치지 아니하고 고른 상태'를 '균형'이라고 말한다. 나의 생애 설계 5개 영역의 균형은 현재 진행형이다. 아마도 앞으로도 완벽한 균형은 불가능할지 모르겠다. 무엇보다 중요한 것은 최소량의 법칙을 잊지 말고, 5개 중 하나라도 무너지는 것은 반드시 막아야 한다. 무너진 하나로 인해 나머지 4개 영역이 부정적인 영향을 받아 삶의 질이 급격히 떨어질 수 있기 때문이다. 굳이 우선순위 하나만을 선택하면 무엇이냐고 질문하는 분이 있다면, 나는 '하고 싶은 일'이라고 답변할 것이다. '하고 싶은 일'을 하면 경제력, 건강, 관계, 재미가 함께 연결되어 상호작용하는 엄청난 힘을 가지고 있기 때문이다.

샛길, 둘레길로 빠져라. 외도해라

"어디로 튈지 몰라 난 재밌는 걸 찾아서
   누가 날 막는다면 각오해 난 치열한 게 좋아서"

우연히 접한 'WOOZ'라는 가수의 〈Ready to Fight〉라는 노래
인데 경쾌한 리듬과 함께 귀에 쏙 들어왔다. '재밌는 걸 찾아서 자
신만의 길을 가니 막지 말라'는 당찬 각오가 담겨 있어서 마음에
더욱 와닿았다. 은퇴 전의 삶은 주어진 평범한 길을 열심히 걸어
왔다. 물론 의미 있고 보람된 삶이었다. 이제는 샛길로 빠져도 되
지 않을까. 새로움을 추구하기 위한 샛길로 빠지는 방법을 소개
하고자 한다.

새로워지려면 샛길로 빠져라

뇌 과학자 데이비드 이글먼(David Eagleman)은 그의 저서 《우
리는 각자의 세계가 된다》에서 '생후배선(Livewired)'이라는 새로

운 개념을 이렇게 정의한다. "전구에 불이 켜지려면 전기 배선이 연결되어야 하듯, 인간의 뇌는 놀라울 정도로 미완성 상태로 태어나 살아가면서 상황에 맞게 모습을 바꿔나가며 계속 연결되고 발전한다. 사람이 새로운 지식, 예를 들어 좋아하는 식당의 위치나 직장 상사에 대한 뒷공론이나 라디오에서 나오는 중독성 있는 노래 등을 새로 익히면, 뇌에 물리적인 변화가 일어난다."

사람은 누구나 편안하고 안정적인 삶을 추구하고 좋아한다. 그러다가 지루해지면 새로운 것을 찾게 된다. 안정과 새로움은 사람의 마음 안에서 내적 갈등을 일으키고 급기야 치열한 전투가 시작된다. 새로움도 경험한 사람이 또 다른 새로움을 추구한다. 늘 하던 패턴대로 사는 사람은 새로움이라는 자체가 싫어서 아예 접근도 하지 않는 속성을 가지고 있다. 새로움을 추구하는 사람은 세상과 상호 작용을 통해 뇌에 물리적인 변화가 일어나면서 완성을 향해 나갈 수 있다.

주말마다 건강을 위해서 등산하는 사람들로 인산인해다. 등산로 입구에 삼삼오오 모여 출발한 등산객은 정상까지 끊임없는 행렬로 이어진다. 산에 가면 으레 정상 정복을 해야 한다고 생각하는 사람이 많다. 정상에 올랐다는 성취감이 크기 때문이다. 산에는 정상뿐만 아니라 둘레길도 있다. 경사가 가파르지 않아 덜 힘들어서 자연을 오래 보면서 더 즐길 수 있다. 함께 간 사람과 담소를 나누며 조금 더 마음에 있는 이야기를 나눌 수도 있다. 산은 늘 정상만 있는 것이 아니라 새로움을 주는 둘레길도 있다.

새로움을 위해서는 고의든 아니면 실수로든 상관없이 샛길로 빠져보라. 익숙하지 않기에 겁이 나는 것은 당연하다. 만약 안 좋은 일이 생기더라도 그리 심각하지 않아 감내할 수 있을 것이다. 오히려 예기치 않은 결과가 색다른 경험으로 오랫동안 기억에 남을 가능성이 높다. 일상에서부터 어제와 다르게 오늘을 살아보자. 다름으로 변화를 느끼고 새로움으로 인해 일상의 지루함을 날려버릴 수 있다. 계획된 여행보다 즉흥 여행이 더 즐거울 수도 있다.

새로움을 추구하기 위해 샛길로 빠지는 방법

지금까지 인생을 정도 위주로 걸어온 사람에게 새로운 것을 추구하기 위해 샛길로 빠지는 방법 세 가지를 소개한다. 첫째, '하던 대로 하기'를 버려라. 나가서 낯선 짓을 매일 하나씩 실행하자. 똑같은 행동은 가능하면 피하라. 일상에서 걸을 때도 이왕이면 다른 길을 선택하라. 다소 돌아가는 불편함이 새로운 것을 보게 만들고, 우연히 지인을 만나는 행운도 가끔 생길 것이다. 모임 장소에 일찍 도착해서 주변을 둘러보며 산책하거나 주변 명소를 둘러보는 것도 좋다. 짧지만 나만의 샛길 여행이 될 수 있다.

둘째, 새로운 기호 식품을 맛보면 새로운 설렘이 있다. 누구에게나 자신만의 기호 식품이 있다. 나의 대표적인 기호 식품은 와인과 커피다. 아무리 좋아하는 노래라도 계속해서 들으면 싫증이 나듯이 기호 식품은 더욱 그렇다. 와인숍에 가면 판매원과 와인 산지, 포도 품종, 바디감 등 이야기를 먼저 나눈다. 가성비 좋은 낯선 와인을 선택하기 위해서다. 커피 원두를 살 때도 유사하다. 커피 산지, 향, 산미 등을 협의 후 새롭게 떠오르는 커피를 추천받아 구매한다. 새로운 와인과 커피를 마실 때 '설렘'이 있어서 좋다. 다양한 기호품을 새롭게 즐기는 것, 인생의 즐거운 외도 중 하나다.

셋째, 샛길로 빠져서 하고 싶은 일을 찾을 수 있다. 은퇴 후 고민은 비슷하다. 노는 것이 지겨워지면 일을 하고 싶어진다. 변화보다 안정을 추구하는 사람은 보통 재취업을 하게 된다. 문제는 길지 않은 근무 기한이 지나면 똑같은 고민을 다시 해야 한다는 것이다. 반면에 샛길로 빠져서 좋아하는 취미에 빠져 사는 사람도 있다. 꾸준히 시간을 투자하고 몰두하던 어느 날 '나에게 잘 맞네' 하며 자신감이 생기고 하고 싶은 일로 발전하게 된다. 낯선 취미가 하고 싶은 일이 되는 순간 이루 말할 수 없는 희열이 있다. 샛길로 빠진 시도가 낳은 결과다.

"용기 있는 사람을 움직이기 위한 요령이 있다. 그 행위가 위험으로 가득하다, 상당히 어렵다는 사실을 알리면 된다. 실제로는 그만큼 위험하고 곤란한 일이 아니라 할지라도 말이다." 프리드리히 니체(Friedrich Nietzsche)가 쓴《니체의 말》에 담긴 문구다. 일상에서 안정적이고 익숙한 기존의 틀을 과감하게 깨자. 변화가 필요하다. 그리고 새로운 것을 추구하기 위해 샛길로 빠지는 방법을 하나씩 차근차근 실천해나가자. 샛길, 둘레길로 빠지는 '용기 있는 사람'이 많아지기를 바란다.

Part **3**

관계 :
은퇴 후
부부·자녀·친구 관계
잘 만드는 법

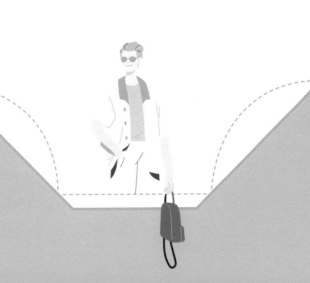

"당신 충분히 괜찮아"라는 말로도
부부 사이가 좋아진다

'노후생활에서 가장 힘든 존재 1순위는 남편이다'라는 말이 있다. 막상 은퇴를 해보니 '아 그렇게 생각할 수도 있겠다'라는 생각이 든다. 부부 관계는 서로 다른 두 사람이 서로의 다름을 존중하고 조화를 이루어가는 것이 좋다고 한다. 그러나 은퇴 후 부부 관계는 '세상에서 가장 가까운 남'이 될 수도 있다. "넌 충분히 잘하고 있어"와 "괜찮아 잘하고 있어"를 부부 사이 대화에서 자주 쓰면 어떨까. 은퇴로 인해 부부 관계가 나빠지는 원인과 사이좋은 부부 사례, 마지막으로 행복한 부부 관계 3계명을 소개하고자 한다.

은퇴 후 부부 사이에 경고등이 켜지는 이유

부부에게 은퇴는 과연 어떤 의미일까. 〈조선일보〉 '행복한 노후탐구'팀에 따르면 다소 의외의 결과가 나왔다. '정년퇴직 이후 부부 사이가 좋아졌느냐'는 질문에 '관심 없다'는 응답이 전체의 33%로 가장 많았다. '나빠졌다'는 응답은 30%로 뒤를 이었다. '부부 사이가 좋아졌다'는 응답자는 전체의 8%에 그쳤다. 주어진 자유시간으로 인해 부부 사이가 더 좋아질 수 있는데, 갑작스레 닥친 은퇴가 관계를 악화시킨 경우가 훨씬 많다는 결과가 왠지 씁쓸하게 다가온다.

은퇴로 인해 부부 관계가 악화되는 이유가 무엇인지 알아보자. 첫째, 집에 함께 오래 머물기 때문이다. 은퇴 후에는 자고 일어나는 시간이 일정하지 않아서 불편을 주면서 하루가 시작되고 끝난다. 거의 하루 종일 함께 같은 공간에서 시간을 보내면서 스트레스도 쌓여간다. 심지어는 삼시세끼를 차려 달라고 보채기도 한다. 집안일도 시키면 마지못해 억지로 한다면 심각한 수준에 다다른 것이다. 은퇴 후 아내 의존형 남편이 되는 순간, 부부 관계는 경고등이 켜지고 다툼이 잦아진다.

둘째, 은퇴 인식에 대한 부부의 견해차가 크다. 남편이 은퇴하면, 아내는 그동안 고생한 남편의 노고를 축하해준다. 그러나 속마음에는 '아직 젊은 남편이 일을 더 하면서 수입이 있으면 좋겠다'고 생각한다. 남편은 수십 년 동안 가족을 위해 힘든 직장 생활을 해왔기에 '그런 일은 더 이상 하기 싫다' 하면서 편하게 휴식을 원한다. 남편은 공허감을 채우는 대상을 아내로 본다. 특히 아내에게 위로받고 함께 즐겁게 지내고자 한다. 아내의 입장은 크게 다르다는 것이 문제다. 오히려 은퇴한 남편이 자신의 자유를 침해한다고 여긴다. 아내는 자신만의 관계망을 이미 구축해놓았고, 재미있게 노는 방법도 잘 알고 있다. 이런 입장 차가 갈등을 일으키고 싸움으로 번진다.

셋째, 남편의 잔소리가 갈등을 초래한다. 잔소리는 보통 상대방을 향한 통제의 의도가 있다. 일상의 모든 중심이 회사였던 남편은 갑자기 집에서 생활하는 시간이 많아진다. 과거에 보이지 않던 것이 보이기 시작한다. 냉장고를 수시로 열어보다가 유효기간이 한참 지난 음식 재료가 보인다. "아니 이 음식은 왜 안 먹어? 돈 아깝게." 아내는 "알았어" 하며 퉁명스럽게 반응한다. 옷 정리, 청소 등 지속적인 잔소리가 이어지면 아내는 "이제 더 이상 잔소리는 듣기 싫어" 하며 갑자기 목소리가 커진다. 무심코 던진 잔소리 한마디로 인해 꽤 오랫동안 대화가 단절되는 심각한 갈등이 생기기도 한다. 아무리 좋은 의도가 있더라도 잔소리는 하지 말아야 한다.

사이좋은 은퇴 부부 사례 ① 세컨하우스로 매일 여행하는 부부

여기 매일 여행을 떠나는 부부가 있다. 바로 세컨하우스로 향한다. 38년간 교단에 있었던 한준호 작가가 쓴 《세컨하우스로 출근합니다》는 은퇴 후 계절별 부부의 일상 이야기를 담고 있다. "퇴직하고 보니 갑자기 시간도, 요일도 필요 없는 삶이 도래했다. 이대로 '끝난 사람'이 되는 것을 받아들일 수 없어 무엇이든 붙잡고 끊임없이 움직이기로 했다. 거의 비슷한 시기에 은퇴한 아내와 함께 세컨하우스로 매일 출근한다. 텃밭의 작물들, 화단의 꽃들과 교감하면서 마음과 시간을 나눈다. 된장과 고추장을 직접 담그고, 막걸리도 담가 지인들과 나누고, 수영, 양봉, 제빵 기능사 등 새로운 일에 도전했다." 은퇴 부부에게 세컨하우스는 인생 2막을 여는 소중한 공간이 된 것이다.

보통 부부는 일하는 사람은 남편, 식사를 챙기는 사람은 아내 이렇게 역할이 분담되어 있다. 그러나 한준호 작가 부부는 가사의 역할을 바꾸기로 했다. 그동안 직장을 다니며 집안일까지 하면서 살아온 아내의 애씀에 대한 작은 보답이라고 생각했다. 남편이 기꺼이 식사 준비를 자처하고, 아내는 좋아하는 취미인 꽃과 작물들과 더 많은 시간을 보내고 있다. 집안일의 역할 분담을 남편이 적극적으로 수용하는 것만으로도 아내에게 커다란 기쁨을 안겨준다.

사이좋은 은퇴 부부 사례 ② 일흔에 떠난 세계 자동차여행 부부

2023년 연합뉴스에 소개된 사연이다. "젊은이들도 힘들 텐데 시베리아를 건너 유럽까지 어떻게 가려고 그러나, 과욕을 좀 버리라고들 했죠. 그래도 더 나이 들면 이런 여행을 생각할 수 없을 것 같아 과욕을 부렸어요." 70세 홍기 씨 부부가 자동차 세계 여행을 떠나게 된 이유다. 3년 전 은퇴 후 동해항에서 페리에 차 한 대를 싣고 러시아 블라디보스토크로 향했다. 부부가 이번 여행을 통해 얻은 건 뭘까. "서로 위로해주는 마음이죠. 그동안은 자녀 키우랴, 공부시키랴 우리를 돌아볼 수 없었는데, 이런 여행을 통해 그런 시간을 많이 갖게 됐어요. 남편도 '참 멋있는 사람이구나'라는 마음이 생깁니다. 한국에서는 '원수'라고 그랬는데 하하하…"

여행은 누구나 좋아하지만 부부만의 자유여행은 특별한 맛이 있다. 다른 사람을 신경 쓸 필요가 없기에 미리 정하지 않고 순간마다 결정하면서 부부만의 여유로운 시간을 보낼 수 있다. 한곳에서 오래 머물다 보면 서로 대화를 많이 하게 된다. "목적지에 닿아야 행복해지는 것이 아니라 여행하는 과정에서 행복을 느낀다." 호주 작가인 앤드류 매튜스(Andrew Mattews)가 한 말이다. 여행은 설렘도 있지만 때로는 불안감에 휩싸이기도 한다. 낯선 곳에서 당연하기도 하지만 부부 여행의 묘미를 더한다. 여행은 이래서 더욱 즐겁고, 다음 여정을 꿈꾸는 거 아닐까?

행복한 부부 관계 3계명

은퇴 후 사이좋은 부부 관계를 유지하려면 이렇게 해보자. 먼저, "당신, 충분히 괜찮아"라는 말을 자주 하라. 배우자를 지지하고 숨겨진 자기 능력을 발휘하게 하는 용기를 주는 말이기 때문이다. 또한 배우자가 말하는 어떤 이야기라도 귀를 기울여라. 함께 있는 시간이 많아지기에 솔직하고 진지한 대화가 더 중요해진다. 일상에서 겪은 혹은 직장에서의 힘든 일을 털어놓을 대상이 있다는 것만으로도 고마워할 것이다. 은퇴한 사람은 흥미롭지 않을 수도 있지만 경청, 그 자체가 좋은 부부 관계 유지에 큰 도움이 된다.

'따로 또 때로는 같이'를 추구하라. 다르게 표현하면 일정한 거리를 유지하라는 의미다. 하루 종일 함께 같이 있다는 것 자체가 부부 관계에 부정적인 영향을 미친다. 은퇴 전인 사람도 코로나 시국에 간접 체험을 했었기에 공감할 것이다. 은퇴 후에 부부는 각자가 좋아하는 취미, 하고 싶은 일을 좇아서 시간을 보내는 것이 좋다. 가끔 여행, 운동, 취미를 함께 하면 된다. '따로 또 때로는 같이'를 추구하면 일정한 거리가 생기고 좋은 관계가 유지된다. 서로의 시간과 공간을 허락하자.

끝으로 '집안일을 비중 있게 함께하라.' 통계청의 〈2022년 사회조사〉에서 실제로 가사를 공평하게 분담하는 경우는 20% 남짓 수준이고, 아내가 주도하는 경우는 75% 전후 수준이었다. 여전히 가사 부담은 아내의 몫이라는 결과다. 은퇴 후 집안일을 해보면 아내의 존재에 대해 새삼 존경을 표하게 된다. 요리, 설거지, 청소 등 일이 끊임없이 이어진다. 하루가 정말 휙 지나가는 듯하다. '은퇴했음에도 불구하고 집안일을 충분히 하지 않는 남편을 보면 얄밉다'라는 말을 들어서는 안 된다. 은퇴 후에는 시간적 여유가 많아졌기에 은퇴자는 가사 분담률을 높여야 한다. 집안일 역할을 재설정만 해도 부부가 서로 미소를 짓는 일이 많아진다.

"행복한 결혼생활에서 중요한 것은 서로 얼마나 잘 맞는가보다 다른 점을 어떻게 극복해나가냐이다." 톨스토이(Leo Tolstoy)의 부부 관계 관련 명언이다. 아무리 사랑해서 결혼했지만, 서로 다른 별에서 온 금성인과 화성인이기에 서로 맞지 않는 것이 너무나 당연한지도 모른다. 은퇴 후 부부 관계는 재설정해야 한다. 집안일 재분담, 때로는 함께하지만 상대방이 좋아하는 일에는 간섭하지 말아야 한다. "당신, 충분히 괜찮아"라는 말의 위력을 모두 실감했으면 한다. 행복한 부부 관계는 의외로 어렵지 않다.

자녀들에게는 "잘 커줘서 고맙다"는 칭찬을 해야 한다

"축하하고, 정말 부러워." 아들 결혼식장에서 오랜만에 만난 친구들이 이구동성 말한다. 자식에 대한 관심사가 얼마 전까지 학업 위주였는데 어느덧 취업, 결혼, 독립으로 넘어가고 있다. 나이가 들어간다는 것을 새삼 느낀다. 자식이 세상에 태어나서 가장 먼저 접하는 사람은 부모다. 또한 부모가 죽을 때까지 함께하니 누구보다 소중한 존재다. 그러나 안타깝게도 자식과의 불협화음으로 서로 원망하며 멀어지기도 한다. 부모의 관점에서 바라보자. 왜 갈등이 발생하게 되었을까. 부모의 역할을 통해 자식과 좋은 관계를 유지하는 방법에 대해서 알아보고자 한다.

자식을 멀어지게 만드는 부모

정신과 양창순 의사는 유튜브 채널 〈지식 인사이드〉에서 '지낼수록 자식을 멀어지게 만드는 부모'를 세 가지 특징으로 분류한다. 첫째, '지배형' 부모다. 무조건 내 말을 따라야 한다는 가부장적 부모의 전형적인 모습이다. 간접적 지배형도 있다. "내가 너를 키워 주니까, 내가 너를 사랑하니까 이렇게 해야 하지 않니?" 혹은 "내가 너를 위해 이렇게 나가서 고생했으니, 너는 오늘 해야 할 일을 반드시 해야 한다"고 강요한다. 안 하면 문제가 된다.

둘째, '지나친 애착형' 부모다. 오로지 자기 삶이 자녀인 부모인데 과잉보호라서 문제가 된다. "지금 비 오는데 왜 우산 안 챙겨줬냐?"라고 엄마에게 전화한 고등학생 사례가 다소 충격적이다. 문제는 부모의 태도다. "내가 부모니까 그거까지 다 챙겨줘야 한다"라고 학교까지 가서 직접 전달해주었다는 웃지 못할 이야기다. 셋째, '완벽주의' 부모다. 절대 실수하면 안 되고 밖에서도 싫은 소리 들어선 안 된다고 생각한다. 자식들에게 매일 야단을 치기도 한다.

중년에 이른 가정주부가 자신의 정체성에 대해 회의를 품게 되는 심리적 현상을 '빈 둥지 증후군'이라고 한다. 대체로 자녀들이 결혼 혹은 취업 후 독립시킨 엄마들이 겪는 경우를 말한다. 최근에는 자녀와 한집에 사는 상태에서도 나타난다. 지인 중 주부 L 씨는 아들을 S대에 입학시켜 주위 사람들의 부러움을 샀다. 목표가 달성되자 이유 없이 허무감과 우울감에 시달렸다. 아이도 희망하던 대학에 진학했는데 왜 그랬을까. 알고 보니 자신의 모든 시간을 아들 좋은 학교 입학에만 몰입하면서 살았다. 즉 자기 삶의 모든 목표가 오로지 자녀가 잘되는 것뿐이었다. 이제 자신은 어떻게 노후를 보내야 할지 막막해하는 모습이 안타깝다.

부모는 늘 '자식은 여전히 어리다'는 생각에 간섭하려는 경향이 있다. 지나친 간섭이 갈등을 초래하는 경우가 종종 발생한다. 최근 친구 K가 딸 문제로 힘들었다고 고백했다. 딸은 이제 성인임에도 지나치게 통제받고 있다고 작정한 듯 불만을 토로했다. 마침내 잠시 집을 나가서 생활하고 싶다고 선언하는 바람에 충격도 받았다. 반복된 일찍 귀가하라는 문자조차도 무척 싫었고, 엄격하게 제한하는 부모가 원망스러웠던 것이다. 어떤 부모가 자식과 멀어지고 싶겠는가. 그 일을 계기로 딸의 일상에 관여하지 않기로 하고 내려놓았다. 딸이 예전처럼 살갑게 다가오고 대화도 원활해졌다. 자식에 대한 부모의 역할을 재정립하는 계기가 된 것이다.

부모와 자식 사례 ① 딸에게 보내는 굿나잇 키스

"한 소녀가 자기 전에 아버지에게 인사하기 위해 서재의 문을 두드렸다. "아빠, 굿나잇!"하며 대답을 기다렸다. 하지만 아버지는 고개를 돌려 딸의 모습을 바라보지 않았다. "굿나잇"하고 건성으로 대답할 뿐이었다. 소녀는 시무룩한 표정으로 돌아서며 생각한다. '오늘도 역시….' 그로부터 수십 년이 지났고, 딸은 병을 얻어 세상을 떠났다. 세상에 홀로 남은 아버지는 그때서야 옛날에 딸의 얼굴을 바라보지 않았다는 것을 후회한다." 이어령 교수가 쓴 책《딸에게 보내는 굿나잇 키스》의 내용 중 일부다.

딸을 서운하게 했던 아빠의 진솔한 고백이 커다란 울림을 주는 글이다. 한편으로는 자신의 과거 경험을 떠올리는 사람도 있을 것이다. 그 당시에 직장을 다녔던 부모는 회사 일 혹은 자기 일을 최우선순위로 살았다. 그러다 보니 자식과의 관계를 소홀히 하는 경우가 무척 많았다. 자식은 '당연히 이해할 거야'로 인식했다. 부모의 관심과 애정이 필요한 순간에 같이 있어 주지 못했던 과거를 다시 돌려놓고 싶은 심정일 것이다. "만일 지금 나에게 그 30초의 시간이 주어진다면, 약속한다. 나는 글 쓰던 펜을 내려놓고, 읽다만 책장을 덮고, 두 팔을 활짝 편다"라고 말하는 이어령 교수의 글이 더욱 감동으로 다가온다.

부모와 자식 사례 ② 자식은 부모의 뒷모습을 보고 성장한다

축구선수 손흥민의 아버지 손웅정 씨는 축구 철학자로 불린다. 2024년 1월 〈연합뉴스〉와의 인터뷰에서 "아이들은 부모의 뒷모습을 보고 성장한다. 절대 편해지려고 하지 말고 솔선수범하라"며 자신의 교육관을 드러냈다. 손흥민을 지독할 정도로 훈육할 때 일방적으로 하지 않았다. 함께 뛰며 고생하면서 손흥민의 마음을 잡았다. 이런 애정과 헌신을 알기에 손흥민은 운동장을 4시간 동안 돌며 정신이 혼미한 상황에서도 양발로 리프팅을 해내는 등 기본기를 닦을 수 있었다. 또한 "손흥민을 '강자'로 키우려고 노력했다. 강하다는 건, 돈이 많고 힘이 센 게 아니다. 남에게 휘둘리지 않고 자신의 인생을 주도적으로 살아 나간다면, 그게 강한 거다. 나는 그런 강자를 키우려고 노력해왔다"라고 말했다.

영국에서 프리미어리그 토트넘 개막 경기를 직접 관람한 적이 있다. 당시 옆에 있던 한 영국 축구팬에게 "손흥민 선수를 어떻게 생각하느냐?"고 물었다. "Humble(겸손한)"이라고 짧은 단어로 답변했다. 영국인에게 최고의 선수이자 겸손한 선수로 기억되고 있다는 사실에 내 가슴까지 뭉클했던 기억이었다. 자식을 키우는 동안 아버지 손웅정 씨는 솔선수범했다. 또한 자식의 인생을 '주도적으로 살아가라'고 강하게 키웠다. 그 결과 세계적으로 유명한 축구 선수 손흥민이라는 훌륭한 자식을 갖게 된 것이다.

자식에게 좋은 부모가 되려면

어떻게 하면 자식에게 좋은 부모가 될 수 있을까. 먼저 "잘 커줘서 고맙다"는 칭찬을 아끼지 마라. 자식의 부족한 면을 주로 보면서 "~하지 마라", "~고쳐라", "반드시 ~해라"라며 지적에 치중하는 부모가 많다. 지적보다는 긍정적인 말 한마디가 관계와 사람을 바꿀 수 있다. "잘 커줘서 고맙다"는 칭찬을 아끼지 말아야 하는 뚜렷한 이유다. 칭찬은 자식에게 자신감을 주고 용기를 주며 주도적인 삶을 살아가는 마음 근육이 될 수 있다. 칭찬은 들으면 칭찬을 다시 돌려줄 확률도 높다. 부모가 자식을, 자식이 주위 사람을 변화시키는 작은 기적이 지속해서 일어나기를 기원한다.

자식의 실패를 지켜보며 자식이 혼자서 실패를 견딜 힘을 길러줘야 한다. 힘들어하는 자식을 보면 보호하고 싶은 마음이 먼저 드는 것이 부모다. 결국 그것은 '자식의 홀로서기'를 방해하는 행위다. 자식이 미덥지 않더라도 부모는 자식이 좌절하거나 실패할 때 먼저 도움을 주기보다는 '지켜보는 인내'가 필요하다. 왜냐하면 그 실패를 통해서 자식은 '견디는 힘'을 기른 후 성장하기 때문이다. 뒤에서 '든든한 응원자'임을 표시하는 것으로 충분하다. 자식이 원하는 것을 깨닫고 스스로 결정할 수 있도록 진정한 도움을 주는 부모가 되자.

마지막으로 조언 대신 질문을 던져라. 부모는 자기 경험을 바탕으로 자식에게 이렇게 하면 좋겠다는 조언을 많이 한다. 모범 답안을 주려 애쓴다. 그 모범 답안이 현재를 살아가는 자식에게는 오히려 해가 될 수도 있다. 조언 대신 질문을 하라. 자식들에게 질문을 통해 대화의 물꼬를 트는 시도를 자주 해야 한다. "요즘 학교생활 혹은 회사 생활은 어떠니?" 또는 "지금까지 살면서 언제 행복했었니?" 자신의 현재와 과거의 삶을 떠올리며 재미있는 대화가 이어질 것이다. 부모와 자식 간 관계는 질문을 통한 대화가 돈독하게 만든다.

'자식은 부모의 거울'이란 말이 있다. 생김새가 닮았다는 뜻도 있지만 성격이나 행동이 비슷하다는 의미다. 부모의 일거수일투족이 모두 자식에게 직접적인 영향을 미친다는 것이다. 자식에게 조언보다는 격려가 깃든 칭찬을 자주 해라. 자식이 힘든 상황을 마주하면 견디는 힘이 생길 수 있도록 그저 지켜보자. 그러면서도 자기 삶의 가치를 위해 도전하며 행복하게 살아야 한다. 자식은 일상에서 자연스럽게 부모의 모습을 보며 배우기 때문이다. 자식이 스스로 자신의 인생을 찾아서 독립하는 과정을 지켜보며 응원하는 것이 '좋은 부모'다.

가족과 함께 많은 시간을 보내는 것이
중요함을 깨달아야 한다

"딸 학원 수업 때문에 가려고 했던 해외여행은 포기하려고." 한 회사 동료가 학원 진도 좇아가기 힘들다는 이유로 가족여행을 포기했다. 가족과의 행복한 시간보다 자식의 학업이 더 중요하다는 것이 과연 현명한 판단이었을까. 은퇴하면 가족들이 자신과 함께 시간을 많이 보내줄 거라고 착각하는 사람도 많다. 지금까지 가족과 함께 좋은 관계를 유지해왔는지를 먼저 돌이켜봐야 한다. '지금은 바쁘니 은퇴 후에 가족과 많은 시간을 보내야지'라며 미루지는 않았는가. 가족과 친해지려면 물리적인 많은 시간이 필요하다는 사실을 잊어서는 안 된다. 현재 중장년이 처한 현실을 먼저 알아보고, 행복한 가족 관계 유지를 위한 실천 방안도 제시하고자 한다.

'마처 세대', 부모 돌봄이
인생의 지혜를 얻는 소중한 경험이 될 수 있다

2022년 〈한국일보〉에서 한국리서치가 45~65세 중장년층을 대상으로 이들의 부양 부담 실태와 인식을 살펴보면, "중장년층 10

명 중 8명(79%)은 노부모를 부양하고 있으며, 성인 자녀를 부양하고 있다는 응답이 62%나 나왔다. 여기에 이중 부양*을 하고 있다는 응답이 56%를 차지했다. 노부모 또는 자녀를 부양하는 단일 부양은 30%, 삼중 부양**도 10%였다. 노부모 부양 과정에서 겪는 어려움으로는 경제적 어려움(57%), 개인 시간 및 여가 시간 감소(56%), 정신적 스트레스나 우울증(30%) 순이었다."

'부모를 부양하는 마지막 세대이자 자녀에게 부양받지 못하는 처음 세대'를 '마처 세대'라고 부른다. 예전에는 두 세대 사이에 끼어 있다고 해서 '낀 세대' 혹은 '샌드위치 세대'라고도 불렸다. 중장년층의 절반 이상(52%)이 자신이 노후를 책임져야 한다고 생각하지만, 스스로 노후 준비를 못하고 있다고 답했다. 노후에 거동이 불편해지더라도, 자녀의 부양을 기대하지 않겠다는 답변도 무려 10명 중 9명(89%)에 달했다. 자녀에게도 부양을 기대할 수 없는 절박한 상황에 놓인 것이다.

중장년이 되면 부모 세대는 아프고 병들어 움직이지 못하는 상황 즉 간병이 필요한 시기가 도래한다. 부모 간병은 정신적, 육체적, 경제적인 부담이 가중되고, 기간이 길어지면 심지어는 형제, 자매와 다툼이 생기기도 한다. 나에게도 어김없이 찾아왔는데, 어머니는 파킨슨병에 걸려 10년, 아버지는 뇌경색으로 7년의 기나긴 힘든 시절을 보내야 했다. 솔직히 원망도 많이 했다. 현실적으

---

* 이중 부양(더블 케어) : 노부모와 25세 이상 성인 자녀를 동시에 부양하는 경우를 지칭하는 개념이지만, 여기서는 노부모, 학령기 이하 자녀, 성인 자녀, 손자녀 중 2가지 대상 피부양자를 동시에 부양하는 경우다.
**삼중 부양(트리플 케어) : 노부모와 성인 자녀, 손자녀 등 3가지 피부양 대상을 부양하는 경우다.

로 직장 생활을 하면서 병원에 모시고 가는 것이 여간 어렵지 않았다. 심지어는 하루에 병원 세 곳을 갔던 적도 있었다.

어느 날 문득 이런 생각이 들었다. '부모 돌봄을 하면서 내 노후를 미리 살아보는구나!' 부모님의 죽음이 가까워질 때 너무나 안타까웠지만, 현재 나의 삶에 대한 소중함과 향후 노후에 대한 준비가 필요함을 깨닫기도 했다. 나름대로 최선을 다해서 부모를 돌보고 있는데 때로는 주변 사람의 말에 상처받는 경우가 종종 있다. 주어진 자신의 상황에서 할 수 있는 만큼만 하면 된다. 그렇지 않으면 심한 스트레스를 겪고, 최악의 경우는 돌봄을 포기할 수도 있다. 나는 감사하게도 길었던 부모 돌봄 시간을 통해 '노후를 어떻게 보내는 것이 좋을지'에 대한 지혜를 얻게 되었다.

은퇴 전 가족과 함께한 소중한 시간   스스럼없이 대화가 통하는 가족

내 가족과 함께 보낸 추억을 떠올려보았다. 가족 간 대화의 물꼬를 터주었던 캠핑 여행이 먼저 생각났다. 우리 부부는 맞벌이로, 자녀는 학교와 학원에 다니며 바쁘게 살았다. 우연히 캠핑에 관심이 생겼다. 캠핑을 가면 바비큐 파티도 하고 자연과 함께 있는 것만으로도 좋았다. 최고의 하이라이트는 '캠프파이어'였다. 장작을 태우면 서서히 감성에 젖었다. 말수가 유난히 적었던 딸들도 말을 건네기 시작했고, 고민도 슬쩍 꺼내놓았다. 딸들과의 대화가 숯의 불꽃이 사그라질 때까지 꼬리를 물고 이어졌다. 오랫동안 같이 보낸 일상보다 캠핑하며 나눈 짧은 하룻밤 대화가 부모와 자식 간의 대화의 벽을 허무는 계기가 되었다.

　가족이 함께한 해외여행도 우리 가족에게 의미가 크다. 다양한 국가를 여행하면서 현지 음식, 공연, 사람, 자연, 놀이 등을 경험하며 즐거워했다. 무엇보다 좋은 점이 자연스럽게 대화하게 된다는 사실이다. 여행 기간 내내 같이 있고, 서로 얼굴을 마주 보는 경우가 많기 때문이다. 대화 주제를 고민할 필요 없고, 새로운 주제도 무궁무진하다. 또한 예상치 못한 어려움에 직면하게 되면, 같이 머리를 맞대고 해결하면서 하나 된 가족임을 느끼기도 했다. 여행을 다녀온 후에 '더욱 끈끈한 가족이 되었구나' 새삼 알게 되었다. 그래서 또 다음 가족여행을 계획하고, 기다리는 기쁨이 있다. 캠핑과 가족여행은 '스스럼없이 대화가 통하는 가족'을 만들었다.

은퇴 후 가족과 함께한 소중한 시간 감동의 눈물

　제2의 인생을 시작한 지 한 달쯤 된 어느 날이었다. 오랜만에 아내와 두 딸도 정시에 퇴근해서 같이 저녁을 하기로 했다. 집에서 처음 먹어보는 티본스테이크와 함께 레드와인까지 제법 근사한 저녁상이었다. 갑자기 불이 꺼지고 큰딸이 케이크를 들고 나타났다. 'A사는 이제 어쩌나? ★우리 아빠 없어서★ 아빠 제2의 인생을 응원해'라는 재치 넘치는 글귀와 함께 두 팔을 활짝 펴고 미소 짓는 안경 쓴 내 모습까지 그려진 주문 제작한 케이크였다. 깜짝쇼에 놀랐다. 그리고 아내가 준 카드를 읽어 내려갔다.

그동안 애썼어요.

덕분에 우리 가족은 행복했고 든든했고 평안했어요.

새롭게 시작하는 꽃중년의 첫걸음, 응원할게요.

앞으로도 당신은 여전히 가장입니다.^^

가슴 뛰는 길, 미소 짓는 길, 도움 되는 길

그곳에서 걷길, 머물길, 나아가길

그만 눈물이 뚝뚝 흘렀다. 그것도 아내와 두 딸 앞에서 말이다. '아빠, 제2의 인생 시작을 축하해. 앞으로 하고 싶은 거 마음껏 펼치길 바라며. 나도 종종 낄게'라고 쓴 딸의 편지도 받았다. 전혀 예상하지 못해 감동이 더 컸다. 마음에 드는 검은색 가방까지 선물을 받았다. 외출 시 좀 싼 가방을 들고 다니는 것이 안쓰러웠나 보다. 아! 누구보다 힘이 되는 것이 가족이라고 하더니 오늘 눈물까지 흘리면서 영원히 잊지 못할 환상적인 저녁이었다. 힘들 때 오늘을 기억하고, 당당하고 멋진 제2의 인생을 살면서 우리 가족들과 함께 행복한 삶을 지속해나갈 것을 다짐했다. 그동안 가족과 함께 축적된 많은 시간이 이런 행복한 은퇴를 맞이할 수 있게 해준 것은 아닐까.

은퇴 후 행복한 가족은 이렇게 만들어보자

은퇴 후 행복한 가족 관계를 만들고 유지할 수 있는 실천 방법을 알아보자. 먼저 일상에서 대화할 기회를 자주 만들어라. HR테크 기업 인크루트가 가족과 하루 평균 얼마나 대화하는지 조사한 결과를 발표했다. '한 시간 미만으로 대화한다'는 답변이 65.3%나 나왔다. 가족과 떨어져 사는 응답자들의 대화 시간은 더 짧았다. 대화할 기회를 확대해야 한다. 집밥, 외식, 요리, 걷기, 등산 그리고 책 읽고 토론 등 가족이 좋아하는 재미를 먼저 찾자. 리더를 선정해서 이끌게 하는 방법도 좋다. 소통을 통해 가족 간의 생각과 감정을 공유하고 이해하는 것이 화목한 가정을 이루기 위한 필수조건이다. 가족과 함께하는 시간이 일상이 되어야 한다.

정기적인 가족여행을 떠나라. 바쁘다는 핑계로 뒤로 미루지 말고, 정기적으로 가족여행을 계획하고 실천해보자. 국내여행도 해외여행도 좋다. 이왕이면 은퇴자 혹은 자녀가 기획하는 자유여행을 권장한다. 패키지여행보다 훨씬 다양한 이야기가 쏟아져 나오며 만족감이 높을 것이다. 사전 일정 협의를 통해 매년 최소한 한 번 혹은 두 번은 떠나자. 만약 더 가고 싶으면 부부 중심으로 일정을 잡고, 자녀들은 시간이 가능할 때 참여하는 방법도 있다. 가족여행은 매우 소중한 경험이자 기억이다.

끝으로 부모와 자식 각자의 행복을 추구하라. 자식과 부모 사이에도 경계가 필요하다. 여기서 경계라는 뜻은 부모와 자식 역할을 명확하게 구분하자는 것이 아니라 지나친 애착, 간섭, 보호를 막기 위한 '안전지대'라고 이해하면 좋겠다. 부모는 향후 자식이 건강한 사회생활을 할 수 있도록 정신적, 공간적 독립을 준비해야 한다. 자식은 스스로 원하는 것을 찾으며 행복을 추구하면 된다. 부모도 자식 위주의 삶에서 벗어나 부부의 삶에 온전히 집중해야 한다. 부모와 자녀가 각자의 인생을 행복하게 사는 것이 바로 행복한 가족 관계다.

저녁 식사 때 두 딸에게 이런 질문을 던진 적이 있다. "지금까지 언제가 가장 행복했니?" 둘 다 "해외로 떠난 가족여행이요"라는 똑같은 답변이 나왔다. 부모와 자녀 관계 연구의 세계적인 권위자이자 심리학자인 존 가트맨(John Gattman)의 유명한 명언이 있다. "당신이 아이에게 줄 수 있는 가장 큰 선물은 부부간의 행복하고 건강한 관계다." 물론 행복한 부부 관계가 행복한 가족 관계를 만든다는 것에 동의한다. 하지만 내 가족에게는 이 말이 더욱 잘 어울릴 것 같다. '당신이 아이에게 줄 수 있는 가장 큰 선물은 '가족여행'이다.' 가족과 함께 많은 시간을 보내는 가족여행이 이토록 중요하다는 사실을 뒤늦게 깨달았다.

친구는 계속 만나야만
좋은 친구다

은퇴하면 직장과 연관된 관계는 빠르게 멀어진다. 공통적 관심사가 달라졌기에 설사 만나더라도 뭔가 허전함이 남을 것이다. 오랫동안 만남을 유지한 친구는 다르다. "우정은 가장 오래 알고 지낸 사람이 아니라, 곁을 떠나지 않은 사람에 대한 것이다"라는 말이 있지 않은가? 은퇴 후 친구 없이 고독하게 지내는 사람들은 어떤 특징을 가지고 있을까. 은퇴 후 친구 관계로 인한 상반된 두 가지 사례를 소개하고, 좋은 친구란 누구인지도 알아보고자 한다. 마음을 알아주는 친구가 단 한 명만 있어도 성공한 인생이라고 말한다. 당신은 과연 성공한 인생을 살고 있는가?

은퇴 후 친구 없이 고독한 사람들

은퇴 후 친구 문제로 고민이 있다면 유튜브 채널 〈알베르또 행복한 인생 2막〉에서 소개한 '은퇴 후 친구 없이 고독한 사람들의 다섯 가지 특징'을 보고 자기 점검을 할 필요가 있다.

첫째, 같이 무언가를 하려고 하면 늘 핑계를 댄다. 시간 문제 혹은 귀찮다는 핑계를 대는 친구다. 특히 계획을 다 세우고 본격적으로 실행하려는 결정적인 순간에 취소하는 친구는 정말로 밉상이다. 둘째, 친구에게 먼저 연락하지 않는다. 친구가 없는 사람은 먼저 다가가려고 하지 않고 평소에 절대 먼저 연락하지도 않는다. 셋째, 나만의 매력이 없다. 만나더라도 유난히 재미가 없거나 심심한 사람이 있다. 흥미로운 것이 없는 사람과 친해지고 싶을까. 엄청나게 유명해지고 성공해서 이목을 끌어야 한다는 것이 아니다. 하지만 조금이라도 나만의 개성을 갖기 위해 노력해야 한다.

넷째, 친구들의 뒷담화를 한다. 친구들 사이에서 뒷담화하는 사람들이 의외로 많다. 문제는 친구에게 다른 친구의 뒷담화를 할 때 발생한다. 이런 일들이 반복되면 뒤에서 그 사람이 어떻게 행동하는지 친구들이 곧 깨닫게 된다. 뒷담화는 누군가의 신뢰를 잃게 만들고, 결국 더 이상 친구는 남아 있지 않는다. 다섯째, 인색하고 잘난 척을 한다. 인색한 친구는 절대 자신이 먼저 밥값을 내는 경우가 없다. 그런데 이런 친구들이 자신을 위한 것에는 돈을 아끼지 않는다. 그리고 돈 자랑, 건강 자랑 심지어는 자식 자랑까지 늘어놓는다.

은퇴 후에는 외롭다는 이유로 마음에 들지 않는 친구와의 약속이지만 무조건 나가는 경우도 많을 것이다. 물론 충분히 이해도 된다. 그러나 달라져야 한다. 만나고 싶지 않은 친구와는 과감하게 끊을 필요가 있다. 왜냐하면 불편한 친구와의 만남은 좋은 친구가 들어올 공간마저 차단하기 때문이다. 모임에서 지나치게 자기 자랑을 하는 친구가 있다. 돈 자랑, 자식 자랑, 아내 자랑 등을 할 수도 있다. 이 자랑이 무한 반복되면 문제가 생긴다. 만날 때마다 자랑만 늘어놓는다면 과연 그 사람 주변에 남는 사람이 얼마나 될까?

오래된 친구인데 '왜 지금은 만나지 않게 된 걸까?' 오히려 소셜미디어 친구가 자신을 더 많이 알고, 오프라인으로 만나는 경우도 점점 늘어나고 있다. 학교 동창이라는 이유로 많은 사람이 모이는 형식적인 만남도 많을 것이다. 하지만 은퇴 후에는 서로 마음이 통하고 즐거운 사람을 만나는 소모임 시간을 늘려야 한다. 그 소모임에서 좋은 친구를 만나면 기쁘고 행복해지기 때문이다. 또한 좋아하는 취미와 하고 싶은 일을 하면서도 새로운 좋은 친구를 사귈 수 있다. 과거의 친구와도 좋은 관계를 유지해야 하지만, 현재와 미래를 함께할 좋은 친구 관계를 넓혀나가야 한다.

친구 관계로 힘든 사례 ① 대기업 임원 출신 은퇴자

은퇴 생활을 하며 친구 관계로 힘들어 하는 안타까운 사례가 있다. 2023년 〈ESG경제〉에서 소개된 사연이다. "김모(61) 씨는 지난해 연말 대기업 임원 인사 때 옷을 벗었다. 높은 연봉에 번듯한 지위까지 남부러울 게 없어 퇴직해도 별걱정이 없어 보였다. 하지만 알고 보니 그게 아니었다. 회사 다니는 동안 받은 월급은 아이들 교육비와 노부모 병치레로 써 저축 한 번 제대로 하지 못했고, 모임에서 '강남에 아파트 한 채를 샀다', '금융자산을 굴려 짭짤한 재미를 봤다' 등의 이야기를 들을 때마다 '나는 그동안 뭐 했지'라며 자조에 빠졌다. 이런 일이 반복되니 결국 모임 참석을 꺼리게 되고, 같은 처지의 퇴직자들끼리 모여 동병상련을 나누게 된다. 결국 친구들과의 교류도 뜸해지면서 사이도 점점 멀어졌다."

친구 중에 잘 나가는 대기업 현직 임원이 여럿 있다. 누구나 부러워하는 임원이지만, 늘 살얼음판을 걸어야 한다. 매년 연말 실적에 따라 회사를 그만두거나 아니면 연봉이 오르거나 혹은 승진하기도 한다. 실적에 매진해야 하다 보니 개인적인 시간 여유를 갖기가 거의 불가능하다. 심지어 매년 일주일의 휴가조차 내기 어렵다고 하소연한다. 또한 친구를 만나는 시간이 점차 줄어들다 보니 자연스럽게 친구와 멀어진다. 금전적인 문제는 없겠지만 과연 행복한 은퇴 생활이 될 수 있을까 우려되는 이유다. 일과 친구 관계의 균형은 여전히 어려운 숙제로 남아 있다.

친구 관계로 힘든 사례 ② 친구 따라 강남 간 은퇴자

브런치북 작가 여유부자가 쓴 《은퇴 후, 나는 여유 부자로 산다》의 브런치 스토리를 우연히 보게 되었다. 여유부자 작가의 고등학교 동창 B 씨는 작가가 해준 조언 덕택에 스마트 스토어를 창업했다. "친구 B 씨는 일을 시작하면 3년은 꾸준히 해봐야 한다고 강조한다. 반면에 여유부자 작가는 일반행정사 개업은 했는데 매일매일 일을 그만둘까? 말까? 고민하고 있다. 그러나 친구 B 씨의 끈기를 보면서 그만두지 못했다. 작가는 친구들에게 좋은 일이 생기면 손뼉 치고 응원을 해준다. 친구가 잘되는 것 같으면 따라서 한다. 친구들이 노하우를 알려주는 덕분에 친구 따라 강남 간다"라고 하며 즐거운 노년을 보내고 있다.

친구 따라 강남 간 지인도 있다. 사진을 배우기 위해 평생교육원을 찾았다가 만난 친구다. 알고 보니 나와 같은 학번이기도 했다. 여행작가학교를 수료하고 강연도 하고 기사도 쓰는 나의 영향을 받았을까. 어느 날 여행에 관심이 생겼다고 하면서 여행작가학교에 입학하고 싶다고 연락이 왔다. 수료 후 동기회장을 맡아서 정기적인 모임을 주관하면서 동기회 활성화에 크게 기여하고 있다. 배운 사진 기술을 활용해서 소모임도 이끌고 있는 친구는 "덕분에 은퇴 생활이 즐거워졌네, 고마워"라고 말한다. 친구 따라 강남간 친구와 절친한 여행 동반자가 되었다.

평생을 함께할 좋은 친구

은퇴 후는 평생 함께할 친구를 만나야 한다. 좋은 친구는 바로 이런 친구다. 먼저, 계속 만나는 친구가 좋은 친구다. 다들 한 명쯤은 오랫동안 만나는 친구가 있을 텐데, 기간이 오래된 만큼 서로 너무 잘 알고 있다고 생각한다. 하지만 현재 거의 만나지 않고 있다면 최근의 친구가 어떤 모습인지 알기는 어렵다. 서먹서먹해지는 순간 서로 연락하기가 부담이 되면서 아예 만나지 않는 예도 있을 것이다. 진정한 친구는 인생의 상황이 좋을 때나 나쁠 때나 언제나 함께 있는 사람이다.

마음을 툭 털어놓을 수 있는 친구다. 힘든 가정사는 누구나 드러내고 싶어 하지 않는다. 그러나 좋은 친구는 예외다. 예를 들면, 친한 친구가 어머니가 앓고 있는 치매에 대해서 마음을 열고 털어놓는다. 그로 인해 벌어지고 있는 가족 간의 갈등을 토로하며 힘들어한다. 그럴 때 어떤 말이 위로 되겠는가. 그저 들어주고 공감하는 것으로 족하다. 친구란 행복과 슬픔을 함께 나누면서 서로에게 위로와 격려를 주는 존재다. 특히 슬픔을 나누고 공감해주는 친구가 진정한 친구가 아닐까.

마지막으로 만나면 편안하고 즐거운 친구다. 만나면 그저 그런 친구가 있다. 이야기도 약간 겉돌고 헤어져도 무슨 이야기를 나눴나 기억나지 않는다. 왜 그럴까 생각해보면 즐거움이 빠져 있다. 웃기는 이야기를 못 하는 친구라고 깎아내리는 것이 아니다. 만나면 즐거워야 한다. 그러면 좋은 만남은 지속된다. 즐거움도 억지로 만드는 것이 아닌 '편안한 즐거움'이면 더욱 좋겠다. 사귄 기간에 비례하지는 않는다. 마음이 통하는 친구는 편안함까지 주고받는다. 함께 있을 때 기분이 좋은 사람이 좋은 친구다.

"꾸준히 만났어. 힘들 때도 떠나지 않고 곁에 있어 주었고, 자신이 힘들 때 나와 상의해줘서 고맙더라고." 중학교 동창생 소모임에서 45년 동안 만났던 친구가 나와 절친이 된 이유에 대해서 담담히 말했다. 맞다. 절친은 계속 만나는 친구이자 마음을 털어놓을 수 있는 사이다. 그리고 만나면 편안한 즐거움이 있어야 지속될 수 있다. 추가한다면 은퇴 후 삶의 성장에 긍정적인 영향을 준다면 더욱 좋겠다. 은퇴 후 좋은 친구를 만나고 관계를 유지하는 것은 무척 중요하다. 다만 스스로 좋은 친구가 되려고 끊임없이 노력해야 한다는 사실도 명심하자.

취미는 혼자보다는 동호회를 통해서 하면 즐겁고 친한 친구까지 얻을 수 있다

"여행이 싫어지고 있어서 안타깝네요." 한 여행작가의 말에 적잖이 놀랐다. 여행을 좋아하는 한 사람으로서 이해되지 않아서였다. 그 작가는 일을 위해 여행을 하느라 즐기지 못하는 자신을 발견했다면서 어떻게 극복해야 좋을지 모르겠다고 고민을 털어놓았다. 그제야 '아! 그럴 수도 있겠구나'라고 공감했다. 좋아하는 취미를 즐기던 사람 중 비슷한 어려움을 호소하는 사람들이 많을 것이다. 홀로보다는 취미 동호회가 좋은 대안이 될 수 있다. 은퇴 후 취미 동호회에 가입하면 좋은 이유, 동호회 경험 사례 그리고 동호회를 통해 즐거움과 친구를 얻을 수 있는 실천 방법을 제안하고자 한다.

취미 동호회 활동이 좋은 이유

통계청의 〈2023년 사회조사 결과〉를 보면 단체 참여 관련 현황을 알 수 있다. "친목·사교, 취미 활동, 종교단체 등의 단체 활동에 참여한 사람의 비중은 64.2%로 2년 전 35.8%보다 증가했다. 단체 활동 참여자 중 친목·사교 단체에 참여한 사람이 77.1%로 가장 높고, 그다음은 취미, 스포츠·여가 활동 단체(54.9%), 종교단체(25.0%) 등의 순이었다. 연령대로 보면 단체 활동 참여율은 50대, 40대, 60세 이상 순으로 높았다." 은퇴 후에는 친교·사교 활동보다 취미 동호회 활동 비중을 훨씬 더 높여야 한다.

취미 동호회 활동이 좋은 이유는 첫째, 긍정의 에너지를 받을 수 있다. 은퇴 후 일상이 따분하다고 느끼는 사람이 많다. 좋아하는 취미를 가진 사람들을 만나기 위해 집을 나서는 자체가 일상의 변화를 위한 시도다. 정기적으로 취미 동호회 활동에 참여하면, 스트레스가 사라지고 건강 유지에도 도움이 된다. 누구보다 친한 관계로 발전하면서 서로를 응원하며 긍정적인 에너지를 주고받게 된다. 취미 동호회 참여만으로도 삶의 활력이 생긴다.

둘째, 배움과 성장을 동시에 얻을 수 있다. 취미 동호회는 선배와 후배가 늘 존재한다. 또한 입회한 시기에 상관없이 고수와 초보도 공존한다. 초보라고 생각하는 사람이면 고수들과 함께하는 시간만으로도 배우는 것이 많다. 어려움을 극복하고 성장했다는 고수의 경험담이 자극제가 되기도 한다. 또한 다음 단계로 발전하면 성취감도 맛볼 수 있다. 축적된 배움을 통해 자기의 성장과 함께 진정으로 하고 싶은 일을 찾는 계기로 이어질 수도 있다.

셋째, 즐거움의 경험을 공유하기에 새로운 좋은 친구를 쉽게 사귈 수 있다. 새로운 모임에 처음 갈 때 서먹함이 싫어서 선뜻 용기를 내지 못하는 사람들이 제법 있다. 취미 동호회는 처음 만나도 공통된 관심사를 가졌기에 대화가 쉽게 통하고 빠르게 친해진다. 좋아하는 취미 이야기에 빠지면 서로 마음이 저절로 열리기 때문이다. 동호회에 가입하면 정기적으로 즐거운 만남이 이루어지면서 좋은 친구 관계를 지속할 수 있다. 은퇴로 인해 크게 위축되었던 사회적 네트워크가 오히려 확장되는 효과도 있다. 은퇴 후에는 친목 사교 모임보다 취미 동호회에 중점을 두어야 하는 주요한 이유다.

경제적 이익이 공통 관심사인 모임 사례 부동산

공통 관심사가 달랐던 두 모임 사례를 비교해보자. 나는 은퇴 후 경매 강좌에 적지 않은 금액을 투자해서 참여했다. 향후 경매 투자를 통해서 수익을 내기 위함이었다. 처음에는 생소한 개념과 용어로 애를 먹었지만, 열심히 수업에 참여하고 수업 후 뒤풀이에서 수강생과 친해졌다. 과정 수료 후 자연스럽게 골프, 등산 모임 등 동기들의 친목·사교 모임이 만들어졌다. 또한 실제 투자를 원하는 사람들끼리 의기투합해서 공동 투자를 위한 소모임을 만들었다.

해보자는 의욕이 강해서 잘될 것으로 예상했지만 초반부터 문제에 부딪혔다. 실제 투자를 하려다 보니 견해차가 컸다. 상호 협의를 통해 투자할 부동산 하나만 선정하자는 의견과 투자 대상 선정을 각자 알아서 결정하자는 두 가지 의견이 팽팽히 맞서며 조율이 되지 않았다. 또한 손실이 발생하는 경우, 파는 시점에 대해서 이견 조율 등 합의해야 할 사항이 애초 예상보다 많았다. 친목 모임이라도 유지하자고 하면서 몇 차례 만나기는 했지만, 모임은 결국 유지되지 못했다. 공통 관심사가 같더라도 경제적 이익을 추구하는 모임은 오랫동안 유지하기 어렵다는 사실을 알게 해준 소중한 경험이었다.

좋아하는 취미가 공통 관심사인 모임 사례 _ 여행

나는 여행이 좋아서 여행자학교에 입학했고, 수료 후 동문회에 가입했다. 동문회 기자라는 직책을 받아서 유명인과 인터뷰하는 행운을 얻었다. 이어 등산화까지 흠뻑 젖는 계곡 산행, 다크 투어(Dark Tour)* 등 그동안 하지 않았던 형태의 여행 프로그램을 해당 전문가와 함께 기획하기도 했다. 운영진 활동은 금전적인 혜택이 없는 무료 봉사다. 여행 동호회 발전과 어떻게 하면 회원들에게 더 만족감을 줄 수 있을지 함께 아이디어를 내고 실행하고 있다. 이타심이 많은 사람과 일을 하며 보람과 함께 좋은 친구까지 얻게 되었다.

또한 동호회 안에 소중한 동기 모임이 있다. 연령층이 무려 30대부터 70대까지 너무나 넓다. 지금까지 해온 일도 확연히 다르다. 같은 학교를 수료한 동기라는 사실만 같다. 동기들끼리 여행을 기획해서 떠나는데 여행의 맛이 다르다. 깔깔거리고 즐거운 여행이기도 하지만, 서로를 배려하고 솔선수범하는 모습도 좋다. 돌아가면서 여행을 주도하는 루틴도 만들었다. 해당 지역에 연고가 있거

---

* 다크 투어(Dark Tour) : 전쟁, 학살, 재해와 같이 어두운 역사를 기억하는 현장을 찾아가는 여행을 말하며, 인간 내면의 빛과 그림자를 들여다봄으로써 자기를 성찰할 수 있다.

나 잘 아는 사람이 리더가 되어 추진하는데 여행 후 만족도가 대단히 높다. 마음이 통하는 동기와의 여행 후 헤어짐은 늘 아쉬움이 남는다. 하지만 인생의 새로운 친구가 생겨서 뿌듯하고 든든하다.

취미 동호회를 통한 즐거움과 친구를 얻는 실천 방법

취미 동호회를 통해 인생의 재미와 친구를 동시에 얻을 수 있는 세 가지 실천 방법을 알아보자. 첫째, 진정으로 좋아하는 취미 동호회에 가입해라. 먼저 좋아하는 취미 동호회를 선택해야 하는데 지인 소개가 믿을 만한 방법이다. 요즘은 연령대별 온라인 커뮤니티도 활성화되고 있는데 자신에게 맞는지 꼼꼼히 살펴보고 가입하자. 설사 아는 사람이 한 명도 없는 모임이라도 망설이지 말고 용기를 내보자. 좋아하는 취미만으로 공감대가 형성되고, 적극적인 참여만으로도 쉽게 친해질 수 있다. 취미에 대한 깊이가 각자 다르기에 서로 배울 수도 있고, 가르칠 수도 있다. 또한 다양한 분야의 젊은 친구와 선배까지 폭넓은 연령대의 사람을 사귈 수 있다.

둘째, 마음에 맞는 사람과 소모임을 직접 구성해라. 모임 규모가 크다고 반드시 좋은 것은 아니다. 항상 모임의 규모가 커지면 인간관계 문제로 인해 탈퇴하는 경우가 생길 수 있다. 좋은 대안으로는 자신과 케미*가 잘 맞는 사람들과 소모임을 직접 만들어보라. 세 명 정도로 시작하는 것을 권한다. 굳이 단기간에 사람을 늘

---

* 케미(Chemistry) : 화학 반응이라는 뜻으로, 사람들 사이의 조화나 주고받는 호흡을 지칭하는 신조어다.

이려 하지 마라. 개인의 취향과 다양성을 존중하는 것이 우선되어야 한다. 서로 긍정적인 자극을 주면서 끈끈한 친구 관계를 유지하도록 노력해야 한다. 누군가 한 사람이 선도하기보다는 주기적으로 돌아가면서 주도하는 모임으로 진행하다 보면 오랫동안 만날 수 있는 좋은 인생 친구가 될 수 있다.

셋째, 동호회 활동에 자기 시간을 투자하고 봉사하라. 취미 동호회 발전 여부는 운영진과 회원들의 노력 여하에 달려 있다. 운영진은 자발적으로 자기 시간을 희생하고, 회원을 위해 봉사하는 자세가 필요하다. 회원은 자기 시간을 투자해서 적극적으로 참여하면 된다. 가끔 사사로운 이익 추구만을 하려는 사람도 있는데 결국 동호회 활동을 중도 포기하는 경우를 종종 목격한다. 자기 시간을 투자하고 봉사하는 마음을 갖는 것이 무엇보다 중요하다. 봉사하는 마음을 가지고 서로를 배려할 때 동호회는 활성화되고, 그 열매는 동호회원 모두에게 돌아갈 수 있다.

친목·사교 모임은 만나서 즐겁게 지내는 경우가 많다. 시간이 지날수록 결속력이 느슨해지고, 지속하기가 어려운 경우도 발생한다. 반면에 취미 모임은 여가 활동에 대해 공통적인 관심사나 목표를 가진 사람들끼리 모여 조직을 구성해서 활동한다는 점이 다르다. 그만큼 회원 간의 벽이 없어서 좋은 친구를 만나게 되고, 만남은 늘 즐거움의 연속이다. 취미 동호회 모임이 기다려진다면 진정으로 취미를 즐기고 있는 것이다. 나는 취미 동호회 모임 날이 기대되고, 설렌다.

인간관계, 내가 먼저 마음을 열고 다가가니
상대는 마음을 더 활짝 연다

"인간의 고민은 전부 인간관계에서 비롯된 고민이다." 오스트리아 정신의학자이자 개인 심리학을 수립한 알프레드 아들러(Alfred Adler)의 명언이다. 좋은 인간관계는 행복한 삶을 보장한다. 그러나 갈등으로 인해 인간관계가 멀어지고 단절되어 심각한 고민에 빠져본 경험이 있을 것이다. '인간관계를 어떻게 하면 넓히고 깊어질 수 있을까', '틀어진 인간관계를 회복하고 싶은데 좋은 방법은 없을까' 끝없이 해결책을 찾아보지만 마땅치 않다. 그래서 인간관계는 인생에서 끝나지 않는 숙제라고 하는 것이 아닐까. 인간관계에 대한 최근 조사 결과를 먼저 알아보고, 은퇴 후 인간관계를 유지하는 방법을 제시하고자 한다.

지금 당신의 인간관계는 괜찮은가?

한국리서치가 발행한 〈기획 : 2023년, 당신의 인간관계를 평가한다면〉 리포트에서는 '가족이나 친척, 친구·지인 등과의 인간관계에 변화가 있습니까?'라는 질문에 76%는 '새로 알게 된 사람'이 있고, 64%는 '기존에 알던 사람 중, 관계가 더 깊어진 사람이 있다'고 답했다. 반면에 '기존에 알던 사람 중, 관계가 소원해진 사람'이 65%이고, '기존에 알던 사람 중 관계가 끊어지거나, 관계를 정리한 사람'도 54%에 달했다. 새로운 사람을 알게 됨과 동시에 관계가 정리되기도 하고, 기존 관계가 깊어짐과 동시에 소원해지기도 하는 경험이 공존하고 있다.

특히 18~29세의 41%는 '새로 알게 된 사람'이 여러 명 있다고 답했지만, 50대는 23%가 그렇다고 해 18%p 격차를 보였다. 또한 18~29세의 21%는 '기존에 알던 사람 중, 관계가 더 깊어진 사람'이 여러 명 있으나, 50대는 8%에 그쳤다. 50대가 현재 겪고 있는 인간관계 현실이 숫자에 여실히 반영된 결과로 볼 수 있다. 올바른 현실 인식을 바탕으로 인간관계에 대한 변화를 실천하지 않으면 행복하지 않은 삶을 살 수도 있음을 자각해야 한다.

'인간관계를 통해 어떠한 경험을 하셨습니까?'라는 질문도 던졌다. 67%는 '나 스스로를 더 잘 이해하고 성장하는 시간이 되었다', 60%는 '심리적인 안정을 얻었다'라고 답했다. 2명 중 1명(54%)은 '갈등 상황에서 문제를 효과적으로 해소하는 방법을 배웠다'라고 응답했다. 앞의 세 가지 답변은 전 연령대에서 50대가 가장 낮게 나타났다. 그만큼 인간관계 유지에 어려움을 겪고 있다는 사실이 반영된 조사 결과다. 친한 지인이 많을수록 '개인 성장'뿐 아니라 '심리적 안정', '갈등 해소 방법', '경제적 지원 및 좋은 기회'를 얻었다는 응답이 높았다.

왜 50대가 가장 낮은 수치를 나타냈을까 생각해보자. 50대는 은퇴를 앞두었거나 이미 은퇴를 한 사람이 많다. 인간관계가 느슨해지면서 반토막 이상 사라진 사람도 부지기수일 것이다. 인간관계를 잘 유지하지 못하면 심리적인 불안감이 커진다. 갈등 상황이 더 큰 문제로 확산될 수 있는 연령대이기도 하다. 막상 은퇴 후 내가 좋아하는 것이 무엇인지조차도 모르고, 성장은커녕 후퇴나 추락하고 있다고 생각하는 사람도 많을 것이다. 인간관계 유지를 위한 변화에 대한 준비와 실천이 필요한 이유다.

인간관계가 멀어진 사람의 사례 분노

엄마와 딸이 크게 말싸움 중에 갑자기 전화가 온다. 전화를 건 사람이 담임선생님임을 알자마자 아무 일도 없었다는 듯이 엄마의 목소리 톤이 부드럽게 돌변한다. 전화가 끝나자마자 다시 딸에게 소리를 지른다. 기시미 이치로(岸見一郎)·고가 후미타케(古賀史健)의 저서 《미움받을 용기》라는 책에 등장하는 분노에 관한 흥미로운 이야기다. "엄마는 화를 참지 못해서 소리를 지른 것이 아니다. 그저 큰소리로 딸을 위압하기 위해, 그렇게 해서 자기의 주장을 밀어붙이기 위해 분노라는 감정을 이용한 것이다. 분노란 언제든 넣었다 빼서 쓸 수 있는 '도구'다"라고 강조한다.

은퇴 후 일상에서 욱하고 분노하는 중장년의 모습에 눈살이 찌푸려질 때가 가끔 있다. 관심 있는 강의에 적극적으로 참여하면서 인생을 풍요롭게 살아가고자 애쓰는 중장년을 보면 존경스럽기도 하고 자극도 된다. 그런데 어느 날 한 60대 수강생이 수업 도중 강사가 자기 마음에 들지 않는다고 화를 내고 박차고 나가버렸다. 자기 주장을 관철하기 위해 큰 소리로 강사를 위협한 분노의 사례다. 대화를 통해서 얼마든지 협의할 수 있었는데, 안타깝게도 그 일로 인해 동기생들과의 인간관계는 단절되었다.

인간관계가 좋은 사람의 사례 경청, 존중, 배려

인간관계가 좋은 사람들은 이런 특징이 있다. 먼저 자기 말을 내세우기보다는 상대방의 이야기를 '경청'한다. 경청은 귀를 기울여 듣는 것이기에 상대방이 말문을 열게 해준다. 둘째, 현재 있는 그대로의 상대를 인정하고 '존중'한다. 자신이 원하는 바를 강요하거나 바꾸려고 하지 않는다는 의미다. 셋째, 갈등이 생겼을 때 '배려'를 통해 해결하는 능력이 있다. 인간관계에서 상처받지 않는 것은 불가능하다. 상대방 입장에서 생각하고 다를 수 있음을 인정하는 배려가 문제 해결에 결정적인 역할을 한다.

인간관계가 좋은 지인 중 K 씨가 있다. 남들보다 은퇴가 늦었고, 연배가 있음에도 불구하고 젊은 사람에게 깍듯하게 대해준다. 남을 위해 봉사한 사람에게 "같이 저녁 식사합시다" 하며 지갑을 기꺼이 연다. 열심히 노력하는 후배가 있으면 진심으로 격려하며 진정한 팬이 되어준다. 어떤 모임이나 조직에서 자신을 인정하거나 지지해주는 사람 한 명만 있어도 큰 힘이 된다는 말을 실천하는 삶을 살고 있다. 젊은이들이 모이는 공연에도 참여해서 스스럼없이 이야기를 나누고, 삶의 지혜도 공유한다. 개성 있고 깔끔한 의상 감각도 가진 멋스러운 은퇴자다.

은퇴 후 인간관계 유지 방법 세 가지

　은퇴 후 좋은 인간관계를 유지하려면 다음 세 가지를 실천해보기를 권한다. 첫째, 나 자신이 먼저 마음을 열고 다가가라. 인간관계에 유독 소극적인 태도로 마음을 닫는 사람이 있다. 인간관계에 어려움을 겪을 수밖에 없다. 나 자신이 웃으며 먼저 마음을 열고 다가가는 것이 중요하다. 처음에는 어색하기도 하고 혹시나 상대방이 싫어하면 어쩌나 하는 걱정이 앞설 수 있으나 의외로 상대방은 경계심을 풀면서, 마음을 활짝 열게 될 것이다. 내가 먼저 다가가고 보여준다는 것이 매우 중요하다.

　둘째, "네 입장에서는 충분히 그럴 수도 있겠다"라고 공감을 표하라. 남의 감정, 의견, 주장 따위에 대해 자기도 그렇다고 느낌, 또는 그렇게 느끼는 기분을 '공감'이라고 한다. 자신과 생각이 다른 경우, "나는 옳고, 너는 틀렸다" 하면서 목청이 높아지는 경우가 있을 수 있다. 심지어는 끝까지 상대방을 굴복시키려 해서 인간관계에 커다란 경고등이 켜질 수 있다. "아, 그렇게 생각할 수 있겠네요" 하며 타인의 생각을 존중하며 공감을 표하는 태도를 보여라. 공감 표시만으로도 상대방이 인정받고 있다고 생각하며 즐거운 만남이 이어진다.

셋째, 긍정적인 말을 건네라. 만나서 대화하다 보면 자기도 모르게 상대방을 지적하는 경우가 많다. 아무리 좋은 의도였다 하더라도 때로는 상처를 주기도 한다. 상대방의 장점과 긍정적인 측면을 바라보라. 긍정적인 말을 시도하다 보면 곧 익숙해지고 좋은 습관이 된다. 긍정적인 말은 상대방으로부터 호감을 얻을 뿐만 아니라, 어려움을 겪고 있는 상대방에게 극복할 수 있는 용기까지 줄 수 있다.

"술값이 제일 싸다. 밥값은 더 싸고. 머뭇거리지 말고 먼저 내라. 인색하게 살지 마라." 대학 동아리 지도교수가 자신의 팔순 잔치에서 인생 후배들에게 소회를 밝혔다. 그 당시에는 우스갯소리처럼 들렸는데…. 울림이 있다. 인간관계의 정답이 바로 거기에 있음을 뒤늦게 깨달았다.

오늘부터 이렇게 실천해보자. 먼저 웃으며 마음을 열고 다가가서 상대방에게 식사하자고 제안하자. 대화 중에 "그럴 수도 있겠구나"하며 공감을 표하자. 가능하면 긍정적인 말로 대화를 이어가며 각자의 성장을 응원하자. 은퇴 후 인간관계가 고민과 걱정거리가 아니라 기쁨과 행복으로 다가올 것이다.

문화생활은 예술이지만 타인과의 관계고, 삶에 대한 이해다

유명한 미술관 방문은 이제 해외여행의 필수 코스가 되어버렸다. 막상 가서 그 유명한 그림 작품 앞에 섰는데 기대했던 감동이 없어서 실망한 적은 없는가. 해설사가 동행하면 그림에 대한 설명을 들으며 이해하는 듯하지만 '역시 그림은 나와 동떨어진 문화생활이야' 체념하기도 한다. '문화생활이 내 삶에 꼭 필요한가, 무슨 쓸모가 있을까' 여전히 반문하는 중장년이 많다. 진입하기에 문턱이 높은 것도 사실이다. 여유가 있을 때나 즐기는 여가가 아니냐고 말하는 사람도 있다. 그렇다. 여유가 생긴 은퇴 전후가 문화생활을 즐길 적기다. 문화생활을 즐기면 삶이 풍요로워지는 이유를 알아보고, 나만의 문화생활을 즐기는 방법도 소개하고자 한다.

문화생활을 즐기는 삶이 풍요로워지는 이유

〈2022년 국민 여가 활동 조사〉 중 '국민이 가장 많이 참여한 유형별 여가 활동 변화'에 관한 결과를 살펴보면, 휴식 활동인 TV

시청과 산책·걷기 (92%), 취미·오락(79.2%) 사회 및 기타 활동인 종교, 동호회 등(58.2%) 순이었다. 반면에 문화 예술 관람과 참여 활동을 합쳐도 14.1%에 불과하다. 평균연령으로 계산한 수치이므로 50대 이상으로 구분하면 더 낮아진다. 특히 문화 예술 관람 중 영화 관람 비중이 높기에 다른 문화 예술 관람 활동인 전시회, 박물관, 연극, 연주회, 전통 예술공연, 무용공연 등을 즐기는 비율은 훨씬 더 낮다.

해외여행을 가면 시간을 내서 공연을 보는 것을 좋아한다. 신기하게도 내 옆자리는 노인이 많았다. 영국 에든버러에서 클래식 공연을 보는데 옆에 앉은 노인은 시작할 공연에 대한 사전 지식을 친절하게 알려주었다. 미국 샌프란시스코 연극 공연에서는 와인 산지로 유명한 나파밸리에서 노인들이 단체관람을 왔다. 1막이 끝나고 "혹시 연극을 다 이해했나요?"라고 나에게 질문하며 간략하게 연극 1막 이야기를 요약해주기도 했다. 국내에서도 문화생활을 즐기는 편인데, 옆자리에 노인을 만난 적이 거의 없다. 심지어 음악 페스티벌에 가면 내가 연장자라서 살짝 민망한 적도 많았다. 국내에서도 문화생활을 즐기는 중장년을 많이 만났으면 좋겠다.

문화생활을 즐기면 삶이 풍요로워지는 이유를 살펴보자. 첫째, 문화생활은 일상의 '탈출구'이자 '안식처'다. 문화생활은 자기가 살고 있는 공간을 벗어나 다른 공간으로 이동하는 것을 의미한다. 공간의 분리만으로도 일상을 잊게 된다. 문화 예술은 살아가는 데 필수품은 아니지만, 작품을 통해 위로받을 수 있다. 때로는 감동의 눈물을 흘리며 힐링을 얻기도 한다. 둘째, 문화생활을 통해 새로움을 접하고 사고도 넓어진다. 문화예술활동은 창작활동이다. 기존의 작품을 참고하되 변화를 시도하고 창의적인 아이디어를 실현하는 무대다. 기발한 상상력이 동반되는 작품들을 보면서 새로움에 노출되고 사고도 넓어진다.

셋째, 문화생활은 타인을 만나고, 삶에 대한 이해의 폭도 넓힌다. 사람은 타인과의 만남을 통해서 관계를 맺는다. 문화생활을 한다는 것은 '작품'이라는 '타인'을 만나는 것이다. 대상은 하나가 아니라 엄청나게 다양하다. 또한 작품은 지금을 살아가는 타인들의 삶을 고스란히 담고 있다. 작품이 자연스럽게 자신에게 스며들기도 한다. 작품을 통해 자신과 타인의 삶을 이해한다는 것은 결국 세상과 연결된다는 것을 의미한다. 문화생활을 통해 나와 타인 그리고 세상이 연결되는 기쁨을 맛볼 수 있다.

자기 나름대로 문화생활을 즐기는 방법

이제 자기 나름대로 문화생활을 즐기는 방법을 소개하면, 첫째, 다양한 장르를 접하라. 그러면 독특한 맛에 취한다. 음악을 예로 들어보자. 가요와 팝송을 좋아하다가 클래식이라는 친구가 찾아왔다. 첫인상은 지루해서 '친구가 되기 쉽지 않겠구나'라고 생각했는데 점점 친해진다. 여기에 재즈라는 새로운 친구가 끼어들었다. 온라인 강의로 접했는데 이해하기가 쉽지는 않았다. 다만 '즉흥연주'와 사전 약속 없이 연주자 상호 간 음악적 교류를 뜻하는

'인터플레이(Interplay)'의 매력에 빠졌다. 틀을 깬 자유로운 재즈를 즐기게 된 것이다. 다양하게 접하다 보면, 서로 경계를 넘나들며 연결되어 창조된다. 각각의 독특한 맛에 취하는 기쁨도 있다.

둘째, 오래 바라봐야 보인다. 미술을 좀 더 알고 싶어서 서양 미술사 강의를 들은 적이 있다. 첫 온라인 수업이 아직도 생생하게 기억난다. 인상파 화가 모네(Claude Monet)의 〈인상, 해돋이〉라는 작품이 컴퓨터 화면에 떴다. "이 그림을 글로 묘사하고 자신이 느낀 점이 무엇인지를 말해보실래요." 갑작스레 교수님이 나를 콕 찍어서 질문해서 무척 당황했다. 하지만 이 대화형 강의를 통해서 작품을 오래 바라보고 묘사하는 습관을 갖게 되었다. 작품을 온전히 감상하려면 힐끗 보고 지나가는 것이 아니라 오랫동안 바라봐야 한다. 바라보다 보면 작품과 대화할 수도 있다.

셋째, 다양한 공연을 즐기면 덩달아 인생도 즐거워진다. 연극, 뮤지컬, 오페라, 코미디, 서커스, 록·재즈 페스티벌, 발레 등 가리지 않고 보는 편이다. 심지어 언어 문제가 있는 외국어 공연이라도 관심이 있으면 직접 관람한다. 동일 작품이라도 나라, 작품, 작가, 배우에 따라서 다름을 느낀다. 문화생활을 통해 여행에서 얻기 힘든 그 나라의 역사와 문화를 좀 더 깊게 이해하기도 한다. 다양한 공연을 즐기면 인생도 즐겁다. 혹시 문화비 지출에 대한 부담이 있다면 무료 공연 혹은 다양한 영상 서비스를 통해 얼마든지 간접 경험도 할 수 있다.

"예술 작품에는 타인의 경험이 대단히 정교하게 축적되어 있으며, 잘 다듬어지고 훌륭하게 조직된 형태로 우리에게 제시된다. 예술은 우리에게 다른 문화의 목소리를 들려주는 가장 웅변적인 예를 제공하고, 그에 따라 예술 작품과의 교유*는 우리 자신과 이 세계에 대한 이해력을 넓혀준다." 작가 알랭 드 보통이 쓴《알랭 드 보통의 영혼 미술관》의 일부 문구다. 문화생활은 삶의 필수요소는 아니지만 나와 타인과의 관계를 형성하고, 삶과 세상을 연결해주는 통로가 된다. 문화생활을 누리는 것이 호사가 아니라 '일상'이 되도록 해야 한다.

---

* 교유 : 서로 사귀어 놀거나 왕래한다는 의미

Part 4

은퇴 후
마음가짐

나이 들어서 즐겁게 살아가겠다는
마음가짐이 중요하다

"마음이 마음먹은 대로 잘되지 않는 이유는 '마음에 대한 무지함' 때문이다. 마음에도 나름의 작동 원리와 운동 속도, 고유한 색깔과 무늬가 있는데 많은 사람이 그 사실을 잘 모릅니다." 강현숙·차봉숙 작가의 저서 《오십의 마음 사전》에 나오는 이 문구가 '마음가짐'에 대해 다시금 생각해보게 한다. 은퇴한 기쁨도 잠시, 힘겨워하는 은퇴자를 많이 만난다. 이게 정말 맞는 건가 하며 마음이 자주 흔들린다고 한다. 자신의 마음가짐을 어떻게 해야 할지에 대한 준비가 필요한 이유가 바로 여기에 있다. 나이가 들수록 좋은 이유, 즐겁게 나이 들기 위해 갖춰야 할 마음가짐에 대해서 알아보자.

나이 들수록 좋은 이유

2024년 〈동아사이언스〉에 실린 박진영 님의 칼럼에서는 "최근 미국에서 25~95세 대상으로 10년간 추적 조사한 연구 결과 우선 나이가 들면 별로 즐거울 게 없다는 생각과 달리 긍정적 정서는

20~50대까지 비슷한 수준으로 유지되고 이후 다소 감소하는 것으로 나타났다"고 한다. "그 연구에 따르면, 나이가 들수록 '항상 슬프다'거나 '어떤 것도 나를 즐겁게 해주지 못한다'는 생각들이 점점 줄어드는 것으로 나타났다. 나이가 들수록 부정적 정서 또한 대체로 감소 추세인 것으로 나타났다. 전반적으로 나이가 들수록 정서 상태가 '평온'해진다"는 내용을 담고 있다.

나이가 들수록 좋아지는 것은 과연 무엇일까? 먼저, 즐거운 일이 많아진다. 젊은 시절에는 생업을 최우선으로 했기에 현실적으로 하고 싶은 것을 하기가 다소 어려웠다. 나이가 들면 누구나 '시간 부자'가 된다. 좋아하는 운동, 악기, 그림, 글쓰기 같은 취미 배우기와 여행 등을 기간에 구애받지 않고 즐길 수 있다. 또한 사사로운 이익을 위한 얕은 관계가 아닌 진정으로 마음이 통하는 친구를 선별적으로 만날 수 있다. 이러한 좋은 친구와의 동행은 즐거운 일상을 누리게 한다.

둘째, 다른 사람 눈치 볼 필요가 없어진다. 과거에는 주위 사람의 생각과 행동에 상당한 영향을 받으며 살았다면, 나이가 들면서 남의 시선을 의식하지 않게 된다. 눈치 보며 따라 하던 수동적인 삶과 결별하게 되는 것이다. 이별 후 또 다른 만남, 즉 온전한 자신과의 만남이 기다리고 있다. 남을 향했던 관점이 나에게로 전환되면서 자신과의 시간을 가질 수 있기에 가능한 것이다. 이어서 자신의 정체성을 찾아가며 나만의 인생을 새롭게 디자인할 수 있다.

셋째, 삶에 대한 다양한 경험으로 더 단단해진다. 나이가 들수록 상처를 받거나 좌절하는 일이 생기더라도 쉽게 무너지지 않는다. 오히려 삶에 대한 다양한 경험이 바탕이 되어 걱정보다는 긍정적인 태도를 보인다. 쓸데없는 걱정은 아무 쓸모가 없다는 것을 경험적으로 이해하기 때문이다. 또한, 극복하기 힘든 일에 부딪히면 스트레스를 받기보다는 자신이 좋아하는 일에 전념하는 지혜도 발휘된다. 결국 일정한 시간이 지나면 힘든 일과 좋아하는 일, 두 가지 모두 좋은 결과가 나오게 된다. 경험이라는 최고의 무기는 웬만한 일에 흔들리지 않게 만들어주고, 삶에 안정감을 준다.

마음가짐 사례 ① '내 나이에 이제 뭘'

좋아하는 취미 모임에서 만난 Y 씨의 이야기다. 부모와 자식들 돌보느라 자기만의 시간을 보내지 못하며 살아온 그녀는 몇 년 전부터 여유가 생겨서 글쓰기, 사진, 그림 수업에 참여해서 성실하게 배웠다. 워낙 성격이 다정다감하고 인간적 끌림이 있어서 주위에 늘 좋은 사람이 많다. 지인들을 집에 초대해서 정갈한 요리를 먹으며 즐겁게 지내기도 한다. SNS를 통해 글 쓰는 실력이 남다른 것 같아서 "책을 출판하면 어떠세요?"라는 제안을 해보았다. 그러나 그녀는 '내 나이에 이제 뭘' 하며 애써 외면한다.

나이가 많다는 이유로 하고 싶은 일이 있음에도 불구하고 체념하고 포기하는 중장년이 제법 많다. 왜냐하면 자신이 도전하기에 너무 큰 장벽으로 인식하기 때문이다. 그 장벽이 잠재적인 능력을 보유한 사람의 또 다른 가능성을 막고 있는 것 같아 안타깝다. 결국은 자신만이 장벽을 무너뜨릴 수 있다. 하고 싶은 것을 할 수 있는지는 결국 자신의 마음가짐에 달렸다. 그러나 도움이 필요하다. 바로 용기를 주는 말 한마디다. 한 번에 되는 일이 아님을 알기에 나는 그녀를 만날 때마다 용기를 북돋운다. 힘을 주는 말 한마디가 하고 싶은 일을 할 수 있는 마음가짐에 긍정적인 영향을 주리라고 믿기 때문이다. 그녀 안의 장벽이 무너지는 날을 고대해본다.

마음가짐 사례 ②
'이렇게 계속 살 수는 없지' 하며 나가서 배우고 만나다

복지관 강연을 하러 갔다가 만난 할머니가 기억에 남는다.
"안녕하세요?"
지난 강연에 이어 오늘도 제일 먼저 강연장에 도착해서 반갑게 나를 맞아주었다. 남편을 하늘나라로 보내고 우울한 나날을 보내던 어느 날 '계속 이렇게 살 수는 없지' 하며 즐겁게 살아가겠다는 마음을 먹었다고 했다. 운 좋게도 집 주변에 지역 복지관이 신규로 설립되었다. 일단 집 밖으로 나갔다. 복지관에 가서 좋아하는 분야를 골라 배우고, 또래 혹은 후배와 친해졌다. 다양한 프로그램에 참여하면서 즐거운 노년의 삶을 실천하며 살게 된 것이다. 환한 미소 띤 얼굴을 보면 83세의 연세가 믿기지 않는다.

나이가 들면서 힘겨운 삶을 살 수도 있다. 갑작스러운 건강 이상, 금전적인 궁핍, 가족, 친구 간의 갈등, 가까운 사람의 예기치 않은 죽음 등을 누구나 마주하게 된다. 그런 어려움이 닥치면 오히려 닫힌 마음을 스스로 열어야 한다. 자기 스스로 마음가짐을 바꾸는 순간, 세상은 재미있어질 수 있다. 앞서 소개한 83세 할머니처럼 실천해보자. 마음을 활짝 열고, 좋아하는 취미를 배우며 사람들과 신나게 소통하자. 또 다른 인생의 재미를 느끼며 행복한 삶을 영위해나갈 것이다.

즐겁게 나이 먹기 위한 마음가짐 세 가지

이제 즐겁게 나이 먹기 위한 마음가짐 세 가지를 알아보자. 먼저, 채움보다는 '비움의 마음가짐'을 가져라. 일본 홋카이도 겨울 열차 여행 중 온통 눈으로 덮여 있는데 나무 한 그루만 덩그러니 서 있는 곳에서 멍하게 있던 적이 있었다. 하얗게 빈 커다란 공간이 도드라져 보이면서 마음이 평온해졌다. 무엇인가를 채우기 위해 바쁘게 살아왔던 과거의 장면도 잠시 스쳐 지나갔다. 오히려 비워야 채워진다. 꽉 채워지지는 않을 수 있지만 적은 채움만으로도 만족도가 오히려 높아질 수도 있다. 법정 스님의 저서 《무소유》의 "아무것도 갖지 않을 때 세상을 갖게 된다"라는 글귀가 내 마음으로 들어온다.

일상의 소소한 행복을 자주 발견하자. 국회미래연구원의 〈2022년 한국인의 행복 조사〉 결과를 보면 한국 특유의 역 U자형을 뚜렷하게 보여주면서 60대 이상의 평점이 6.42로 가장 낮았다는 것을 알 수 있다. 왜 이런 결과가 나오는 것일까? 마음가짐에서 기인한 것은 아닐까? 소소한 행복은 일상 여기저기에 숨어 있다. 일상에서 소소한 행복을 자주 발견하고 즐겨야 한다. "행복은 거창한

게 아니에요. 좋은 사람과 맛있는 음식 먹는 게 가장 확실한 행복의 스위치입니다"라는 행복 전도사 서은국 연세대 심리학과 교수의 말은 실천하기 쉬운 일상의 행복이다.

마지막으로 나이 듦을 편안히 받아들여라. 나이가 들면 휴대전화 앱에 익숙하지 않아서 버스나 지하철을 반대로 타거나 잘못 내리는 경우를 자주 목격한다. 건강 문제로 모임에 참석하지 못하는 경우도 있다. 나이가 드는 것을 받아들이는 것은 몹시 어려운 일이다. 그러나 자신의 고유한 성격, 실수도 인정하고 받아들여라. 나이 듦을 웃으면서 편안히 받아들일 수만 있다면 이내 그 나이에 맞는 즐거움이라는 손님이 찾아온다. 긍정적인 사고, 분노를 다스리는 능력, 나의 쓸모 발견하기, 나쁜 일은 바로 잊어버리는 힘, 새로운 사람들과 어울림 등이 그것이다. 노후를 수용하는 마음가짐이 필요한 이유다.

"나는 매우 일찍 인생을 무조건 받아들이기로 결정했다. 나는 인생이 나를 위해 특별한 것을 해주기를 결코 기대하지 않았으나 나는 내가 희망했던 것보다 훨씬 더 많은 것을 성취한 것 같았다. 대부분은 그런 일은 내가 찾지 않아도 저절로 일어났다." 영화 배우이자 만년의 삶 대부분을 유니세프에 몸담았던 오드리 헵번(Audrey Hepburn)의 명언이다. 나이 들면서 인생에 대해서 어떤 마음가짐을 가져야 하는지, 몸소 체험한 삶의 지혜가 담긴 말이다. 나이가 드는 것을 받아들이고, 일상에서 소소한 행복을 발견하며 기뻐하자. 채우기보다는 비우려고 노력하자. 단, 비우면 곤란한 '삶에 대한 열정'을 제외하고!

한쪽으로만 보면 우울해지지만,
다른 쪽으로 보면 행복해진다

　미술관을 찾아 작품을 보고 감상하는 사람들이 늘고 있다. 전시된 조각 작품을 볼 때 정면만 보고 지나가는 경우가 흔하다. 잠시 반대편에서 뒷면도 바라보자. 몇 초간 뒷부분을 바라보는 것만으로도 '아! 이렇게도 보이네' 하며 조각 작품에 대한 이해의 폭을 좀 더 넓힐 수 있을 것이다. 은퇴를 바라보는 시각도 조각 작품 감상하듯 해보자. 은퇴는 우울, 외로움, 불안만 존재한다는 부정적인 생각에 그쳐서는 안 된다. 또한 행복, 기대, 꿈에 젖어 온통 긍정적인 시각도 곤란하다. 은퇴 후에 경험하게 될 우울과 행복, 두 양면을 소개하고자 한다.

은퇴하면 우울해진다

　마음이 답답하거나 근심스러워 활기가 없는 감정을 '우울감'이라고 한다. 우울한 감정이 심해져서 일상생활이 방해되어 치료가 필요한 상태가 되면 '우울증' 증세로 발전한다. 건강보험심사평가

원(2021년 기준)에 따르면 "최근 5년(2017~2021년) 진료 추이를 분석한 결과, 우울증 환자 수는 35.1%(연평균 7.8%) 증가했고, 공황장애 등을 포함한 불안장애* 환자 수는 32.3%(연평균 7.3%) 증가한 것으로 나타났다. 특히 50대 이상 우울증 환자는 전체 우울증 환자의 절반(49.6%), 불안장애 환자도 56.3%나 차지했다. 또한 여성이 남성보다 우울증은 2.1배, 불안장애는 1.6배 많아졌다"고 한다.

EBS TV 프로그램 〈명의〉를 시청하면서 우울증에 대해서 좀 더 알게 되었다. "우울증은 뇌세포가 건강해지지 않은 상태를 말한다. 그래서 뇌에서 중요한 기분과 관련된 신경전달물질**이나 뇌 사이 상호 작용 같은 것의 균형이 다 깨져 있는 상태인 것이다. 우울증은 스트레스를 자주 느끼는 사람이 더 걸리기 쉽다고 한다. 또한 노년의 우울증은 치매 발생률도 2~3배 증가한다. 더욱 심각한 것은 우울증으로 인해 극단적인 선택의 위험이 있기에 주위에서 더 많은 관심이 필요하다."

은퇴하면 우울해지는 이유는 뭘까. 첫째, 허허벌판에 내던져진 것처럼 혹독한 외로움을 느낀다. 매일의 일상이었던 직장이 사라졌기 때문이다. 그에 따른 여파로 만나야 할 사람이 대폭 줄어든다. 선뜻 누구에게 연락하기도 민망하다. 그래서 집에 붙어 있게 된다.

---

* 불안장애 : 비상적으로 심한 불안과 걱정이 지속해서 나타나는 증상을 가리킨다. 예를 들면 공황장애(우발적 발작성 불안), 혼합형 불안 및 우울장애, 과장 공포증, 사회공포증 등이 있다.
** 신경전달물질 : 신경계에서 뉴런의 수용체에 붙는 분자이며, 뉴런의 이온 통로를 열어 전압을 바꾸거나 뉴런 세포 내의 대사 작용을 일으킨다. 대표적인 신경전달물질로는 세로토닌, 도파민, 노르에피네프린이 있다.

둘째, 가족은 괜찮다고 하지만 스스로 가족을 대하는 게 불편해진다. 심지어 가족의 따뜻한 위로가 담긴 한마디 말조차도 오해하고 위축되기도 한다. 하루 종일 집에서 생산적인 일을 하지 않는 것에 대해 죄책감까지 들기도 한다. 가장 가깝고 위안이 될 것 같았던 가족들마저도 거리가 멀어지고 어색해짐에 적잖이 충격을 받는다.

셋째, 매월 특정일에 들어오던 월급이 들어오지 않아서 스트레스를 받는다. 은퇴 초기에는 퇴직금 혹은 그동안 저축한 돈을 사용해서 문제가 없어 보인다. 하지만 곧 '들어오지는 않고 나가기만 하는 돈은 언젠가 고갈될 텐데' 하며 불안해진다. 기존에 있던 고가의 물건을 팔기도 하고, 씀씀이를 대폭 줄인다. 심지어 사람 만나는 것도 비용지출이라고 생각해 만나지 않기도 한다. 자신이 초라해짐을 느끼며 자존심이 상한다.

넷째, 누구에게도 주목받지 못한다. 소속이 없으니 명함도 없다. 사람을 만나면 명함부터 건넸는데 뻘쭘해진다. 이름도 잘 불리지 않는다. 전화 연락도 확 줄어든다. 자존감은 끊임없이 추락한다.

은퇴하면 행복해진다

일상에서 즐겁고 행복한지에 대해 국회미래연구원에서 〈2023년 한국인의 행복 조사〉 결과를 발표했다. 먼저 '어제 얼마나 행복했는지'를 질문했다. 평균 점수가 10점 만점 기준 6.31점이다.

연령별로는 30대가 6.51점으로 가장 높고, 60대 이상이 6.15점으로 가장 낮았다. '어제 얼마나 미소 짓거나 웃었는지'에 대한 질문에는 평균 점수가 6.09점이다. 나이별로는 20대, 30대가 6.29점으로 가장 높고, 60대 이상이 5.89점으로 가장 낮았다. 행복과 미소 점수 둘 다 60대 이상이 가장 낮았다는 결과가 아쉽다. 은퇴자의 인식 전환이 절실함을 보여준 의미 있는 조사 결과로 받아들여야 한다.

은퇴하면 행복해지는 이유는 첫째, '선택권이 전적으로 나'에게 있다. 원하는 시간, 장소를 내 마음대로 결정할 수 있다. 누군가의 방해를 전혀 받지 않는다. 혼자 밥을 먹더라도 내가 메뉴를 정하기에 원하는 식당, 원하는 메뉴를 즐길 수 있다. 예를 들면, 좋아하는 재즈 공연 정보를 우연히 알게 되었는데, 혼자 가는 것보다 함께 가는 것이 좋을 것 같아 은퇴했거나 일정 조정이 가능한 친구에게 갑자기 연락했다. 같이 갈 수 있다는 답변이 바로 왔다. 와인을 곁들여서 재즈라는 음악 장르를 친구와 함께 즐길 수 있었다. 즉 값진 경험 소비를 스스로 만들어 할 수 있다는 매력이 주어졌다.

둘째, '의무감 스트레스'가 사라진다. 매일 정해진 시간에 반드시 직장을 가야 한다는 것 자체가 스트레스이고, 일요일 오후만 되면 월요일 아침 출근할 생각에 마음이 편하지 않다. 과도한 업무, 많은 회식 등 피로가 누적되면서 건강을 잃기도 한다. 그러나 은퇴 후에는 의무가 아닌 선택으로 바뀐다. 걷기, 자전거, 등산, 기타 스포츠 활동을 통해 신체적 건강을 유지할 수 있다. 정신적 건강에 효과적인 미술, 음악, 공연, 여행 등을 즐길 수도 있다. 스트레스보다는 즐거움이 곳곳에서 뿜어 나온다.

셋째, '시간적 여유'뿐만 아니라 '마음의 여유'까지 생긴다. 은퇴 후에는 마감 기한 내에 마무리해야 할 일이 없어진다. 급할 필요가 없는 것이다. 어떤 일을 도모할 때 부담감이 없다. 혹시 잘 안 되더라도 다른 것을 찾아서 천천히 시도해나가면 된다. 결과보다는 과정을 더욱 중요시한다. 운전을 예로 들어보자. 나는 예전에 교통 법규를 위반하기도 하고, 급하게 앞지르는 차를 보면 비속어를 쓰기도 했다. 그러나 은퇴 후에는 신호를 잘 지키고, 바빠 보이는 차에게 양보도 하는 등 달라진 모습에 가족들도 놀란다. 마음의 여유가 미소 짓는 일상을 자주 만든다.

우울증 극복 사례

우울증은 누구나가 걸릴 수 있는 뇌 손상 질환이다. 지인 중 P 씨가 어려움을 극복한 사례를 내게 들려주었는데, 듣는 순간 아찔했다. 그는 원래 좋은 인간관계를 가지고 있었기에 은퇴 후의 삶도 일상을 즐기며 잘 살고 있었다. 어느 날 뚜렷한 이유도 없이 매사가 귀찮고, 입맛이 없어 식사도 거르기 일쑤였다. 충분한 수면을 취하지 못하더니 마침내 체중도 10kg이나 빠졌다. 좋아하던 운동도 끊고, 아예 사람 기피증까지 생겼다. 은퇴 후 갑자기 찾아온 반갑지 않은 손님, 그는 심각한 우울증을 앓고 있었다.

병원에도 가지 않고 버티던 그는 그동안 미안했던 사람에게 마지막으로 연락하고 극단적인 선택까지 하려고 했다. 다행히 간곡한 아내의 마지막 부탁을 들어주어 병원에 가게 되었다. 약 처방을 몇 차례 바꿔가며 서서히 나아졌다. 끊임없는 아내의 헌신과 적절한 약물 치료가 우울증을 극복하는 원동력이 되었다. 원래 모습으로 돌아온 그분을 대할 때면 얼마나 다행인지 모른다.

행복을 위한 티켓 사례

여행을 좋아하는 지인 K 씨의 이야기다. 갑작스럽게 저렴한 대만 항공기 티켓이 떴다고 평소에 친하게 지내던 은퇴한 친구에게 연락했다.

"함께 갈래요?"

잠시 머뭇거림도 없이 "갈게요"라는 답변을 받았다. 행복 여행을 위한 동행자가 바로 생긴 것이다. 대만 여행 관련 영화도 미리 보고, 대만 여행 책까지 출간한 지인도 소개받았다. 즉흥적으로 결정한 여행인데, 운 좋게도 최대 볼거리 중 하나인 타이완 등불 축제를 볼 수 있다고 했다. 두 사람은 설렘을 안고 여행을 떠났다.

처음 함께 가는 해외여행이었지만 두 사람 사이에 장애물은 없었다. 상대방의 입장을 배려하려는 마음을 가지고 있었기 때문이다. 각자 가보고 싶은 명소를 찾아가고, 먹고 싶은 대만 음식을 먹으면서 더욱 친해지게 되었다. 친자매 사이만큼 가까워진 것이다. 서로 존중하는 마음이 바탕이 되고, 시간적 여유와 마음의 여유가 있었기에 이렇게 멋진 인생 여행 동반자가 되었다. 비록 만난 기간은 오래되지 않았지만, 즉흥 여행 후 두 사람의 우정은 더 끈 끈해졌다.

"많은 사람은 우울 속에서 생활한다. 높은 곳에 오른 사람은 밝음과 어둠 속에서 산다. 우울이란 밝음과 어둠 사이에 있는 흐릿한 발전 없는 혼돈이다." 독일의 철학자이자 사회학자인 게오르크 짐멜(Georg Simmel)의 말이다. 우울은 은퇴자만이 겪는 것은 아니다. 일상도 늘 우울하거나 행복하기만 하지 않다. 자신의 인생이라는 높은 곳에 오르려고 해보자. 한편으로는 우울할 수도 있지만 다른 한편으로는 행복할 수도 있다. 일상의 행복은 오르려는 자의 몫이 아닐까.

'내 마음대로 살지 못했다'보다
'그래도 괜찮아'로 긍정하고 만족해야 한다

'내 마음대로 되는 일이 하나도 없지. 왜 나에게만 이런 일이 생길까' 하며 크게 실망했던 적이 누구나 있을 것이다. 안 좋은 일은 연달아 일어나면서 세상까지 원망하기도 한다. 은퇴 직후에는 불확실한 미래에 대한 불안감으로 인해 더욱 부정적인 생각이 지배하게 된다. 긍정적인 생각과 말이 더욱 필요한 이유다. '그래도 괜찮아'라는 말이 긍정적인 상황으로 반전시키고, 만족스러운 삶을 누리게 해줄 수 있다. 죽을 때 가장 후회하는 다섯 가지와 긍정하고 만족하는 삶을 살기 위한 실천 방법을 알아보고자 한다.

죽을 때 가장 후회하는 다섯 가지
내 감정을 표현할 용기가 있었더라면

시한부 환자들을 돌본 경험을 바탕으로 호주의 호스피스* 간호사 출신 작가 브로니 웨어(Bronnie Ware)가 쓴 책《내가 원하는

---

* 호스피스(Hospice) : 죽음이 가까운 환자를 입원시켜 위안과 안락을 얻을 수 있도록 하는 특수 병원. 말기 환자의 육체적 고통을 덜어주기 위해 치료를 하며, 심리적·종교적으로 도움을 주어 인간적인 마지막 삶을 누릴 수 있도록 하는 시설이다.

삶을 살았더라면(The Top Five Regrets of the Dying)》에 등장하는 이야기다. 가족들에게 자신의 감정을 드러내지 못했던 요세프라는 환자는 작가에게는 마음을 열고 대화를 시도했지만, 안타깝게도 갑작스러운 죽음을 맞이한다. 작가는 그의 죽음을 받아들이기 힘들어하다가 어느 날 공원에서 아이들을 보면서 깨달음을 얻는다. "아이들은 그들의 감정을 자연스럽게 공유한다. 누군가를 좋아하면 좋아한다고 말한다. 슬프면 울며 그 감정을 드러낸다. 아이들은 오히려 어떻게 감정을 억눌러야 하는지 모른다. 그에 반해 어른들은 배타적이고 서로 고립된 채 살아가는 사회를 만든다. 요세프가 후회했던 것처럼 그런 삶을 살지 않고, 좀 더 용감하게 자신의 감정들을 더 표현하며 살 것을 결심한다."

이 책에는 많은 환자들이 죽을 때 가장 후회하는 다섯 가지도 나온다. 첫째는 '다른 사람이 아닌 내가 원하는 삶을 살았더라면', 둘째는 '내가 그렇게 열심히 일하지 않았더라면', 셋째는 '내 감정을 표현할 용기가 있었더라면', 넷째는 '친구들과 계속 연락하고 지냈더라면', 다섯째는 '나 자신에게 더 많은 행복을 허락했다면'이다.

"만약 당신이 죽음을 앞두고 있다면 이 다섯 가지 중 가장 후회하는 것은 무엇일까요?" 노인 대상 강연에서 이렇게 질문을 던진 적이 있다. 거의 모든 참석자가 "좋아하는 자신의 감정을 가족들에게 제대로 표현하지 못했다"를 가장 크게 후회한다고 답했다. 배우자, 자식을 생각하며 "왜 그토록 표현하는 것이 힘들었는지 모르겠다" 하며 눈물을 흘리는 사람도 있었다. 가족을 부양하기 위해 노력하느라 정작 가족과 많은 시간을 보내지 못한 것이다. 한편으로는 자식이 부모의 처지를 이해해주기를 바랐지만, 결과적으로 몰라준 서운함도 담겨 있었다.

후회하지 않는 삶은 불가능하겠지만, 후회만 가득한 삶을 산다면 얼마나 불행한가! 가까운 사이이기 때문에 '당연히 이해하겠지'는 조심해야 할 금기 사항이다. 오해가 커다란 갈등으로 치달을 수도 있기 때문이다. 무너뜨리기 힘든 철옹성의 벽이 생길지도 모른다. 이미 벽이 생겼다면, 지금 당장 무너뜨리려고 노력하면 된다. 자신을 돌아보면서 하지 못한 것에 대한 후회보다는 내 닫힌 마음을 먼저 활짝 열어보자. 좀 더 용감하게 상대방에게 표현하자. 시간이 다소 걸리겠지만 철옹성의 벽은 무너지게 될 것이다.

버킷리스트가 아닌 '데일리리스트'를 작성하자

죽기 전에 꼭 하고 싶은 것들의 목록을 '버킷리스트(Bucket List)'라고 부른다. 영화 〈버킷리스트〉는 주인공인 두 배우의 연기도 좋지만 어떻게 삶을 살아야 하는지 교훈을 주는 명화라서 오랫동안 기억에 남아 있다. 에드워드는 무일푼에서 시작한 백만장자 사업가다. 카터는 자동차 정비사로 45년간 근무한 성실하고 단란한 가정의 아빠다. 신분상의 격차가 뚜렷한 두 사람은 우연히 2인실 병실에서 처음 만났다. 안타깝게도 두 사람은 1년 미만의 여생이 남았다는 선고를 받는다. 우연히 버킷리스트를 작성한

구겨진 종이를 주워서 읽는 순간, 함께 작성한 버킷리스트를 실천하기로 결심한다.

사랑에 빠진 기분을 느꼈던 스카이다이빙을 시작으로 문신 새기기, 스포츠카 경주 등 특이한 목록들을 실천함과 동시에 지워나갔다. "삶의 기쁨을 찾았는가?"라는 질문에 자신 있게 "네"라고 답한다. 하지만 "남에게 기쁨을 주었는가?"에는 답변을 머뭇거리기도 한다. 에드워드가 마시는 최고급 루왁 커피가 사향고양이 똥에서 추출한 커피라고 알려주면서 서로 눈물 나게 웃는다. 이어서 '눈물 날 때까지 웃기' 항목에 두 줄을 긋는다. "서로의 삶에 기쁨을 주었다"라고 에드워드는 친구의 마지막 가는 길에서 소회를 발표한다. '낯선 사람 도와 주기' 항목을 지울 때 가슴 뭉클해지며 감동이 밀려왔다.

왜 사람들은 버킷리스트 목록을 만들고 하나씩 지우려고 하는 걸까. 죽기 전에 간절히 원하는 것을 이루고 싶은 것이 주된 이유일 것이다. 또한 후회하지 않고 싶은 욕망도 있을 것이다. 전 세계 여행은 늘 버킷리스트 상단을 차지한다. 그만큼 많은 사람의 꿈이다. 돈을 버는 궁극적인 목적으로까지 생각하는 사람도 많다. 만약 원하던 전 세계 여행을 하고 나면 다시 마주하는 일상에서 더 이상 후회하지 않고 만족스러운 삶을 살 수 있게 될까. 그토록 하고 싶었던 큰 경험을 하고 버킷리스트에서 지워나가는 행위도 물론 가치가 있다. 그러나 일정 시간이 지나면 기억에서 멀어지거나 만족감도 줄어들 것이다.

남들과 유사한 목록 대신 '일상에서 누릴 수 있는 나만의 고유한 항목'을 만들어보면 어떨까. 실천하고 나면 지우는 것이 아니라, 하고 싶은 일을 계속 추가해나가는 방식이면 좋겠다. 책에 비유한다면, 소목차를 꾸준히 늘려가는 것이다. 아무리 좋은 경험도 한 번에 그치는 것보다는 쌓이고 반복되는 것이 훨씬 만족도가 높아지기 때문이다. 좋아하는 취미 즐기기, 소소한 일상을 한 줄, 한 페이지로 써보기, 좋아하는 사람에게 연락해서 저녁 식사하기 등. 세월이 지나면 이 목록이 자서전 혹은 자신의 책이 될 수도 있다. 나는 버킷리스트 대신 소소한 일상의 행복을 담을 수 있는 '데일리리스트(Daily List)'를 작성하고 실천하기를 권한다.

은퇴 후 긍정하고 만족하는 삶을 위한 실천 방법

그럼, 은퇴 후 후회보다는 긍정하고 만족하는 삶을 살기 위한 실천 방법을 알아보자. 먼저, '어떻게든 되겠지'라고 긍정적으로 생각하자. 와다 히데키의 저서 《70세의 정답》에 의하면, 나이를 먹을수록 긍정적으로 생각하면 자연스럽게 머리도 휙휙 돌아간다고 한다. 긍정적 사고가 도파민 분비량을 늘려주기 때문이다. 도파민의 양이 많아지면 사람은 즐겁고 행복한 기분을 느끼게 되고, 특히 전두엽의 움직임이 활발해져서 사고력과 의욕이 올라간다고 한다. 그러니 '어떻게든 되겠지'라는 긍정적인 사고를 습관화하자.

"그래도 괜찮아"라고 긍정적인 말을 자주 사용해야 한다. "네가 힘들 때 곁에 있어줘야 했는데" 하며 미안해하는 친구가 있다면, "그래도 괜찮아. 너도 그때 힘들었잖아"라고 긍정적인 말을 건네면 어떨까. 아침에 눈을 뜨고 잠자리에 들기 전까지 가장 많이 사용하는 신체 기관 중 하나가 입이다. 입에서 나쁜 말을 많이 하면 불쾌감을 주기도 하고, 심지어는 상대에게 비수를 꽂기도 한다. 반면에 긍정적인 말은 용기를 주고, 상대방의 인생에 선한 영향력을 미치기도 한다. 무심코 나온 말이 이렇게 상반된 결과를 초래할 수 있으니 신중하게 말하되 긍정적인 말을 해야 한다. 가능하면 "된다"라는 말을 자주 하자. 그러면 반드시 되는 것이 인생이다.

마지막으로, 작은 일에 만족하는 일상을 살아야 한다. 본능적으로 과거에 대한 후회와 아쉬움이 생각을 지배하는 경향이 크다. 누군가에게 자랑하고 보여주기 위해 그럴싸한 성취에 매달리기 일쑤다. 만족스러운 삶과는 점점 거리가 멀어진다. 작은 일을 이루어도 만족하지 못하는 경우가 허다하다. 크기가 작아서다. 행복은 크기가 아니라 횟수임을 다시 한번 강조한다. 은퇴 후에 관점을 바꾸어야 하는 명백한 이유다. 일상은 소소한 일들로 가득 채워진 공간이다. 어느 날 새로운 압력밥솥을 장만했다. 쫄깃한 쌀밥맛과 구수한 누룽지를 먹을 수 있어 식사 때마다 행복해진다. 이렇듯 별거 아닌 것 같은 일상에서 벌어지는 작은 일에 만족하자.

"내가 걷는 길은 언제나 험하고 미끄러웠다. 그래서 나는 자꾸만 미끄러져 길 밖으로 곤두박질치곤 했었다. 그러나 나는 곧바로 기운을 차리고 내 자신에게 말했다. '길이 약간 미끄러울 뿐이지, 아직 낭떠러지는 아니야.'" 계속된 고난의 인생의 인생을 살았지만, '괜찮아'라는 긍정적인 생각의 중요성을 일깨워주는 에이브러햄 링컨(Abraham Lincoln)의 조언이다. 생각과 말이 인생을 좌우한다. 긍정적인 생각을 하고 말로 표현할 줄 아는 '긍정의 아이콘'이 되도록 노력하자. 자신의 인생이 행복해질 뿐만 아니라 다른 사람의 인생에도 선한 영향력을 미칠 수 있다. 또한 긍정적인 생각과 말은 좋은 관계를 만들고 유지하는 핵심적인 요소로 작용한다. '긍정의 아이콘과의 만남'은 늘 서로의 발걸음을 가볍게 한다.

'조금 늦게 피면 어때, 괜찮아'라는 생각으로
서두르지 말고 내 인생을 살아야 한다

크게 될 사람은 늦게 이루어진다는 뜻의 '대기만성(大器晩成)'이라는 사자성어가 있다. 원래는 큰 그릇을 만드는 데는 시간이 오래 걸린다는 의미다. 대기만성을 영어 사전에서 찾으면 'A Late Bloomer'라고 나온다. 굳이 해석하자면 '늦게 피는 꽃'이다. 늦게 피는 꽃이 대기만성형 인간이라는 영문 번역이 흥미롭다.

'인생에서 너무 늦을 때는 없다'라는 이야기를 많이 한다. 은퇴 후 '너무 늦었다'라는 말은 자신의 사전에서 꼭 지워야 할 단어다. 늦게 피는 꽃을 바라보며 서두르지 말고 자기 인생을 사는 방법을 알아보고자 한다.

늦을 수는 있지만 누구나 성공적인 인생을 살 수 있다

오평선 작가의 《그대 늙어가는 것이 아니라 익어가는 것이다》에는 이런 문구가 나온다.

일찍 피었다고 자만하지 말고

늦게 피었다고 좌절할 이유가 없다.

그대도 아름다운 꽃을 활짝 필 것이다.

　꽃과 인생을 절묘하게 대비한 글이다. 봄이 되면 개화 시기를 알리는 뉴스가 여기저기서 흘러나온다. 매화가 봄의 시작을 알리고, 철쭉이 봄의 끝을 알린다고 한다. 시간 순서에 무관하게 봄 내내 꽃을 즐길 수 있는 것이다. 온전히 즐길 수 있다면 나만의 봄이 될 수 있다. 사람에게 비유해보자. 주위 사람 중에 일찌감치 성공한 사람이 있을 것이다. 부러움의 대상이 된다. 다 그런 것은 아니지만 인생은 그리 순탄치만은 않다. 엄청난 부와 명예를 거머쥐었음에도 한순간에 불행의 나락으로 떨어질 수 있기 때문이다.

　반대로 하는 일마다 잘 풀리지 않는 사람도 있다. 그렇다고 '그래, 난 안돼'라고 포기하면 안 된다. 늦게 피는 봄꽃을 보라. 오히려 돋보일 수도 있다. 이미 다른 아름다운 꽃은 시들고 떨어져서 앙상한 나뭇가지만 남았다. 화려했던 과거를 회상하며 신세타령을 하고 있을지도 모른다. '늦게 피는 꽃은 있어도 피지 않은 꽃은 없다'라는 말도 있다. 사람에게 적용해보자. 시기가 다소 늦어질 수 있지만 누구나 성공적인 인생을 맞이하고 살 수 있다는 교훈이 담겨 있다.

늦게 핀 대기만성형 인물 **82세 국내 최고령 현역 김성근 감독**

"패배하면 해체되는 야구팀, 오직 승리뿐(Win or Nothing)이란 슬로건을 내걸고 '최강야구' 시즌 마지막 경기에 '몬스터즈'가 나섰다." 〈문화일보〉 오피니언의 기사 내용이 마음에 끌렸다. 과거에는 국가대표 선수로 혹은 프로팀에서 화려했지만, 이제는 주목받지 못하는 은퇴 선수들로 구성된 팀이다. 아무도 관심을 가지지 않을 것 같았는데 반전이 일어났다. 직관 경기마다 2만 명의 관중이 모이고 방송 시청률도 높은 편이다. 82세의 국내 최고령 현역 김성근 감독 덕분이다.

김성근 감독의 별명은 '야신(野神)'이다. 어린 나이에 부상으로 인해 투수의 꿈을 버려야 했던 그는 7개 프로팀의 감독을 맡아 한국시리즈에서 세 번의 우승을 일구어냈다. 김 감독은 사인을 해줄 때 좌우명인 '一球二無(일구이무)'라고 쓰는 것으로도 유명하다. '공 하나에 최선을 다할 뿐 다음은 없다'라는 의미다. "유명 선수보다 팀워크가 먼저"라고 말하며 직접 평고*를 치면서 야구에 최선을 다하는 평생 현역 김성근 감독을 진정으로 존경하지 않을 수 없다.

늦게 핀 대기만성형 인물 **100세 마라토너 파우자 싱**

파우자 싱(Fauja Singh)은 인도에서 태어나 다섯 살 때까지 걷지 못했다. 그 후에도 그의 다리는 가늘고 약해서 먼 거리는 걸을

---

* 평고(Fungo) : 야구에서 야수의 수비 연습을 위해 공을 쳐주는 일. 또는 타격 연습을 위해 공을 치는 일

수조차 없었다. 이 때문에 '막대기(Stick)'라는 별명으로 자주 놀림을 받았다. 그는 아내와 자식을 잃은 절망에서 벗어나고자 마라톤에 관심을 두게 된다. 무려 89세라는 나이에 국제 마라톤 대회에 처음으로 출전했다. 그는 마라톤에 대해 이렇게 말한다. "처음 20마일은 어렵지 않아요. 마지막 6마일은 신과 이야기하면서 달려요."

후반 레이스의 인내하기 힘든 고통을 신과 교감하며 극복한 그만의 비결이 '바로 이거구나' 싶다.

93세에 출전한 마라톤 대회에서는 6시간 54분을 기록했는데, 이는 90세 이상의 연령대에서 세계 최고 기록보다 58분이나 빨랐다. 2011년 그는 토론토 워터프론트 마라톤에서 8시간 11분 6초의 기록했고, 마라톤을 완주한 최초의 100세가 되었다. 또한 싱은 말한다. "나이는 인생의 걸림돌이 아니다. 바꿀 수 없는 것에 연연하지 말고 주어진 것에 감사하라." 103세에 마라톤에서 은퇴 후 현재 111세인 싱은 더 이상 직접 뛰지 않고, 행사에서 마라톤 주자들을 응원하는 것을 즐긴다고 한다. 싱의 마라톤 도전은 나이는 숫자에 불과하다는 사실을 다시금 일깨워준다.

서두르지 않고 내 인생을 사는 방법

서두르지 말고 내 인생을 살아가기 위한 실천 방법 세 가지를 알아보자. 첫째, '조금 늦게 피면 어때, 괜찮아'라는 느긋한 마음을 가져라. 불혹의 40대, 지천명 50대가 되어 자신의 인생을 돌아보게 된다. '지금까지 뭐 했지' 남은 것이 별로 없는 것 같아 공허감을 느끼는 사람이 많다. 왜 남은 것이 없다고만 생각할까. 지금까지 애쓴 노력으로 지금의 내가 존재하는 것이다. 이에 오히려 '수고 했다'라고 자신에게 따뜻한 격려의 박수를 보내자. 다만 은퇴 후에는 속도가 중요치 않다. 느긋한 마음 자세를 가지는 것은 자신만의 인생을 위한 발판이 된다.

둘째, 자기다운 꽃을 피우기 위해 노력하라. 누구나 정장을 사본 경험이 있을 것이다. 기성복임에도 불구하고 입었을 때 자기 몸에 착 감기는 느낌이 들면 기분이 좋아진다. 가격이 다소 비싸도 몸에 감기는 기분 좋은 느낌 때문에 사람들은 지갑을 과감히 연다. 입고 나가면 편안함 덕분인지 하는 일도 덩달아서 잘 되기도 한다. 나에게 잘 맞는 옷처럼 나에게 제대로 맞는 인생을 살아야 한다. 내가 꿈꾸는 일을 향해 나아가고 마침내 이룰 수 있다면 진정으로 내 인생을 살게 되는 것이다.

셋째, 가만히 서 있지 말고 시도하라. "서두르지 말자. 그러나 쉬지도 말자"라는 독일의 대문호 괴테(Johann Wolfgang von Goe-the)의 명언이 있다. 은퇴 후 삶의 지표가 될 만한 문구라고 생각된다. 은퇴 후 그동안 고생한 자신을 위로하며 '이젠 좀 편안하게 쉬면서 즐기자'라고 현실 안주를 선택하는 사람이 있을 것이다. 처음에는 즐거울 수 있지만 자칫 지루한 인생이 펼쳐질 수 있기에 경계해야 한다. 자기가 좋아하는 무엇인가를 시도해라. 취미도 좋고 운동도 좋다. 하고 싶은 일을 찾아서 배우고 변화하려는 꾸준한 시도만으로 보람된 인생이 펼쳐질 수 있다.

야구에서 공을 잘 보는 타자를 선관이 좋다고 한다. 선관이 좋은 선수는 불리한 볼카운트에서 파울을 내며 자기가 원하는 공을 기다린다. 결국은 안타를 치거나 심지어는 홈런을 쳐서 경기를 뒤집는 경우도 종종 있다. 야신 김성근 감독의 저서 《인생은 순간이다》에는 이런 글귀가 있다. "빗맞은 파울은 실패가 아니다. 파울이 많아야 베스트 인생이다." 나는 이 말이 스스로 한계를 설정하지 말고, 시도하고 또 시도해야 하고, 실망과 실패가 쌓이면 어느새 즐거운 인생, 베스트 인생이 찾아온다는 의미로 다가왔다. 작년부터 꽃이 좋아지고 있는 것을 보니 나도 나이가 들어가나 보다. 카메라를 매고 계절에 맞는 아름다운 꽃을 찾아 떠나는 즐거움을 마음껏 누리리라.

남과 비교하지 말고 자기답게 살아가는 사람이
최고의 은퇴자다

"형은 성적이 우수한데 너는 왜 그러니?" 어릴 때 흔히 듣는 부모님의 전형적인 잔소리 중 하나다. '비교'라는 단어와의 첫 만남이다. 성장하면서도 남보다 사회적·경제적 우위를 얻기 위해 경쟁이라는 단어까지 추가되어 스트레스가 가중된다. 남과 비교해서 뒤처진다고 생각하면 자기 자신을 비하하게 되고, 웃을 일도 그리 많지 않다. 익숙해진 비교로 인해 온전한 자신의 삶을 살아가지 못하고, 행복하지 않은 삶을 살아가는 사람이 많다는 것은 엄연한 현실이다. 은퇴 후에는 더더욱 반복되어 온 남과의 비교를 과감하게 끊어내야 한다. 남과 비교하지 말고 자기답게 살아가는 방법은 없을까를 생각해보고, 실천 방법을 제시하고자 한다.

비교에 익숙한 한국 사회, 왜 이토록 비교가 만연할까

인지심리학자 김경일 교수의 유튜브 채널 〈심리 읽어드립니다〉에서 '비교' 강연이 시사하는 바는 크다. 왜 유독 한국에서는 '비교'가 문제가 되고 있을까에 대해 김 교수는 '동질성이 높아서'라고 말한다. "한국인은 상당히 비슷한 삶의 패턴이기에 다른 점이 쉽게 보이고, 서로 비교에 노출되어 있다"는 것이다. 미국 LA 체류 중에 팔려고 내놓은 집들을 후배와 몇 채 구경한 적이 있다. 가는 집마다 구조가 완전히 달라서 주택 가격을 어떻게 산정하는지 도저히 알 수 없었던 기억이 있다. 반면에 한국은 아파트처럼 규격화된 집에서 사는 비중이 높기에 계산이 용이하다. 비교하기 쉬운 한국 사회의 단면이다.

남과 비교하는 사람, 도대체 왜 그러는 걸까? '상대방을 가르치고 싶은 욕구가 강해서'라고 김경일 교수는 말한다. 과거 직장에서 흔히 상사로부터 비교당하는 경우가 의외로 많았다. 누구나 부러워하던 대기업에서 근무했던 친구 K 씨가 신입사원 시절 이야기를 한 적이 있다. 신입사원 교육 후 부서 배치를 받아서 적응을 열심히 해나가던 어느 날, 상사와 1:1 면담을 했다. "같이 입사한 동기 L 씨는 업무에서 벌써 두각을 나타내는데 너는 왜 제대로 못하니"라는 말을 듣고 기분이 매우 나빴다. 친했던 동기와 같은 부서에서 근무하게 되어 좋았는데, 오히려 비교로 인해 괴로운 직장생활을 해야 했기 때문이다.

친했던 두 동기 사이까지 멀어졌다. 마음고생이 심하던 어느 날, 두 사람은 술자리를 가졌고, 마음속에 꿍했던 이야기를 털어놓았다. 알고 보니 다른 상사도 동기 L 씨와 면담했는데 이름 순서만 바꾸고 똑같은 이야기를 했다는 것을 뒤늦게 알게 되었다. 서로 비교와 경쟁을 촉발하는 분위기를 조성하기 위해서였다. "너의 향후 커리어 패스(Career Path)를 위해서 충고해주는 거야"라고 말한 상사에 대해서 더욱 반감이 생겼다고 회상했다. 진정으로 후배 사원의 앞날을 생각한다면 관심을 가지고 지켜보면서 구체적인 예를 들어 잘한 점을 칭찬하는 것이 바람직하다.

소셜미디어(SNS)도 논란의 대상이 되고 있다. 남보다 나은 자신의 모습을 드러내기 위한 각축장이라는 역기능이 나타나고 있다. 반면에 상대방과의 비교가 아닌 자신만의 일상을 공유하고 소통하는 채널로서의 순기능도 있다. 설사 자랑이 지나치더라도 관대해지면 어떨까. 남과의 비교가 아닌 다양한 사람들의 삶을 간접적으로 경험할 수 있다는 매체로 활용하는 것이다. 매일 직접 쓴 의미 있는 글을 올리는 사람을 팔로우(Follow)하는 것도 좋다. 하나의 문장이 큰 울림과 용기를 주기도 한다.

자기만의 기준이 필요한 이유

"끊임없이 남과 비교하는 사람의 특징은 자기만의 절대 기준이 없다. 본인의 기준이 없다 보니 타인의 모습과 자기 모습을 비교하게 된다. 그래서 '남들은 어떻게 했지?'에 관심이 쏠려 있다"라고 김 교수는 강조한다. 나는 은퇴 후 답답한 마음에 대학 시절 동아리 지도교수님을 찾아가서 저녁을 한 적이 있다. 교수님께 이렇게 물었다.

"사회적 명망도 있으시고 경륜과 지혜가 많으시니 은퇴 후 어떻게 살아야 할지 조언 좀 해주세요."

그러자 웃으시며 "나 같은 사람이 무슨 조언을 하겠느냐?"라고 반문하셨다. 이어서 "네가 알아서 하면 되지. 가다가 그 길이 잘못된 것 같으면 그때 돌아가면 돼"라고 하셨다. 그 자리에서 말하지는 못했지만 서운했다. 향후 은퇴 생활의 정답을 기대하고 있었기 때문이다.

나중에 생각해보니 그게 정답이었다. 남들이 어떻게 했는지가 중요한 것이 아니라, '너만의 길'을 가라. 만약 그 길이 아니면 다른 길로 가도 늦지 않고, 좋은 시도라는 뜻이셨으리라. 서운했던 감정은 한참 후에 '여전히 남에게 의존하는 성향이 남아 있구나' 하는 자기 반성으로 바뀌었다. 은퇴도 남의 좋은 본보기를 따라가고 싶은 마음이 강했던 것이다. 인생의 지혜가 담긴 교수님의 한마디가 나의 은퇴 생활에 선한 영향을 주었을 뿐만 아니라, 여전히 버팀목이 되고 있어 감사하다.

은퇴를 주저하는 사람들을 만나면 종종 이런 이야기도 듣는다. "사는 모습이 부러워요. 저는 아직 재정적으로 준비가 안 되어서 더 벌어야 해서요"라고 말하는 이에게 재정적 준비의 기준이 있냐고 질문하면 얼버무리기 일쑤다. 각종 매체에서는 은퇴를 위해 최소 월 몇백만 원이 확보되어야 한다고 구체적인 숫자를 제시하면서 은퇴자가 압박을 느낄 만한 기사를 쏟아낸다. 물론 근거를 제시하기도 한다. 그런데 과연 그 근거가 각각의 은퇴자에게 맞을 가능성이 얼마나 될까. 남의 기준이라는 사실을 인식하고 나의 기준을 만들겠다는 생각이 중요하다.

남의 기준에서 생각하면 향후에도 은퇴를 할 수 없을지 모른다.

지금 현 생활을 유지하려면 그만큼 벌어야 하는데, 현실적으로 어려울 것이다. 자신만의 기준을 만들어야 하는 이유다. 은퇴하면 씀씀이가 줄어든다. 기준을 정하고 거기에 만족할 줄 아는 삶의 태도가 필요하다. 지금까지는 당연하게 여겨왔던 기준 때문에 더이상 스트레스를 받으며 살지 않아야 한다. 예를 들면 남들 시선을 의식해서 자동차는 최소 몇천 cc 이상의 특정 브랜드 자동차를 사야 한다는 등의 생각 말이다. 은퇴 후에는 BMW(Bus, Metro, Walk)만으로 행복하고 건강한 삶을 영위하는 사람도 많다.

남과 비교하지 말고 자기답게 살아가는 최고의 은퇴자가 되는 방법

은퇴 후 남과 비교하지 말고 자기답게 살아가기 위한 실천 방법을 제시하고자 한다. 첫째, 자신만의 기준을 만들어라. 내 기준을 분명히 하면 비교하지 않게 된다. 다른 사람보다 잘나고 우위에 있어야 한다는 생각도 버려라. 기준을 정하되 반드시 절대적일 필요는 없다. 기준을 정하더라도 시도하다 보면 현실적인 기준이 아니라는 것을 깨달을 수도 있다. 그러면 기준을 재설정하면 된다. 중요한 것은 비교의 대상을 타인이 아닌 나 자신으로 바꾸면 놀라운 변화가 일어날 수 있다는 것이다. 있는 그대로의 나 자신을 받아들여라.

둘째, 내 마음대로 살아봐라. "그게 가능할까요?" 반문하는 사람이 많을 것이다. 현실적으로 걸림돌도 무척 많을 것이다. 만약 당장 어렵다면 부분적으로 시도해보자. 은퇴 전이라면 자기 시간 중 10%, 20% 조금씩 늘려나가자. 은퇴 후에는 내 마음대로 살 수 있는 시간적 여유가 주어진다. 나만의 시간을 꾸준히 투자하면 자기를 발견하고, 온전히 자기다운 삶을 시작할 수 있는 때가 올 것이다. 물론 시작하더라도 어려움은 있다. 뚜렷한 목표가 없다면 흔들리다가 백기를 들지도 모른다. 원하는 결과가 나오지 않을 것이라는 불안감이 때때로 엄습하기도 한다. 그런 험난한 과정을 여러 차례 극복하면, 나다운 삶에 안정적으로 진입할 수 있다.

셋째, 나를 위한 새로운 도전을 하자. 인지심리학자 김경일 교수는 "비교하는 사람은 목표가 명확하지 않기 때문에 행복하지 않은 사람이 많다. 다음 목표를 향해 갈 때 어려움을 느낄 수 있다. 비교를 많이 하다 보면 진정으로 좋아하는 것을 못 찾기도 한다"라고 말한다. 좋아하는 취미든 하고 싶은 일이든 상관없다. 새로운 것에 도전하는 자체가 의미 있다. 새로운 것을 해내며 조금씩 성장하는 자신에 대한 만족감도 높아질 것이다. 만족은 행복감으로 이어진다. 그간 감추어져 있었던 자신의 멋진 모습을 찾을 수도 있다. 나 자신이 만족할 수 있는 삶을 살기 위한 방법인 목표를 찾아서 항해를 떠나보자.

미국의 시인, 작가, 인권운동가로서 가장 영향력 있는 흑인 여성 중 한 명인 마야 안젤루(Maya Angelou)는 이렇게 말했다. "남들의 빛을 빌려서 내 빛을 뚫어보지 마라." 이 말이 나는 남을 의식하거나 의존하지 말고, 자신의 빛을 스스로 발견함으로써 온전한 자신만의 삶을 살라는 의미로 다가왔다. 여태까지 남과의 비교에 익숙해진 삶을 살았다면 바로 오늘이 그 마지막 날임을 선언하자. 자신만의 삶을 살기 위한 시작점이 될 것이다. 은퇴 후에는 내 맘대로 살면서, 나만의 기준을 잡고, 새로운 도전에 나서야 한다. 자기답게 산다는 기쁨은 그 무엇과도 바꿀 수 없는 커다란 선물이다.

혼자서 여행하면
인생의 방향을 정할 수 있다

　혼밥, 혼술에 이어 여행도 혼자 하는 사람이 늘고 있다. '혼자 여행'을 요즘에는 '혼행' 혹은 '혼여'라고 줄여서 말한다. 혼자 하는 해외여행은 낯선 곳에서 내 마음대로 즐기는 설렘도 있지만, 두려움과 걱정 때문에 선뜻 떠나지 못하는 사람들이 여전히 많다. 혼자 여행에 대한 선입견을 과감히 떨쳐버려야 한다. 나 자신을 만나고, 인생의 방향을 정할 수 있기에 은퇴 후의 혼자 여행을 추천한다. 혼자 여행하면서 재미와 의미를 동시에 얻는 방법도 제시하고자 한다.

혼자 여행에 대한 걱정을 버리면
즐기면서 의미도 찾을 수 있다

　2022년 2월 〈세계일보〉에 실린 통계청과 문화체육관광부의 〈국민여행 조사〉에 따르면 '혼행'의 수요는 2018년 2.5%, 2019년 4.1%, 2020년 4.8% 등으로 지속적인 증가세를 보인다. 소셜 데이터와 혼행 좌담회 분석 결과를 보면, 혼행을 떠나는 주된 이유는 '혼자만의 시·공간', '새로운 만남에 대한 기대', '즉흥 여행의 편리함' 등으로 나타났다. 혼행의 장점으로는 '편리한 일정 조정·의사 결정', '1인에게 쾌적한 숙소', '자유로움' 등이 꼽혔다. 혼행을 시작하게 된 계기로 2030세대는 '혼행에 대한 로망'과 '동반자와의 스케줄 조정의 어려움' 등을 들었고, 4050세대는 '은퇴 기념'과 '관계에서 벗어나는 수단' 등을 꼽았다.

혼자 여행이 증가세이기는 하지만 다음의 세 가지 걱정 때문에 떠나지 못하는 경우가 많다. 실제로 혼자 여행해보면 괜한 걱정임을 알게 되지만, 그 걱정은 다음과 같다. 첫째 걱정은 '안전이 보장 안 될 텐데.' 혼자 여행 시 안전에 관한 우려가 크다. 가끔 혼자 해외여행을 갔다가 각종 사건사고에 휘말린 뉴스를 접하면 더욱 움츠러든다. 그러나 여행지에서 만나는 현지인은 대체로 여행객에게 매우 우호적이다. 여행 관련 장소 혹은 식당 등에 관한 질문을 하면 흔쾌히 현지인이 좋아하는 곳을 알려주거나 심지어는 장소까지 동행해주기도 한다. 외교부 지정 여행 자제, 출국 권고, 여행 금지 지역을 피한다면 지나치게 안전 걱정을 할 필요는 없다.

둘째 걱정은 '혼밥 먹어야 할 텐데.' 혼자 밥 먹는 것이 싫어서 혼자 여행을 포기하는 사람도 있을 것이다. 나라별 원하는 식당과 음식을 다양하게 선택해 먹을 수 있는 특권이 얼마나 매력적인가. 색다른 경험도 할 수 있다. 나는 네덜란드 암스테르담 여행 중 한국 음식점을 찾았다. 현지 직장을 다니는 베트남 출신의 두 젊은 여인이 바로 옆 테이블에서 한식을 먹고 있었는데 내가 좀 더 맛있게 한식을 먹는 방법을 알려주면서 친해졌다. 그 인연 덕분에 현지인만이 아는 정보를 얻어서 세계 최초 예술 스토리지 시설을 둘러볼 수도 있었다. 또한 혼자 음식을 먹을 때 맛에 관한 느낌을 글로 쓰는 것도 좋다. 음식을 깊이 있게 음미할 수 있기 때문이다.

셋째 걱정은 '외롭고 심심할 텐데.' 여행 동반자가 없기에 당연한 걱정이라고 생각한다. 지인으로부터 "철저하게 외로워지세요"라는 조언을 받았다. 무슨 의미인지 몰랐는데 여행 중에 외로움이 어김없이 찾아왔다. 처음에 다소 적응하기 힘들었지만, 혼자 다니면서 좋아하는 것을 내 마음대로 보면서 몰입할 수 있어 좋았다. 여행 중 우연히 동반자를 만나서 반갑기도 했지만, 서로 배려하느라 온전히 즐기지 못한 것 같아 아쉽기도 했다. 또한 외로움의 끝에는 고통이 아니라 자기 내면으로 들어가는 기회가 기다리고 있었다. 생각보다 외롭고 심심할 틈이 없다.

자연과의 대화 ㅣ 양처럼 살리라

은퇴 후 태어나 처음으로 홀로 80일 동안 유럽 여행을 떠나 내 인생의 방향을 정한 여행기 두 편을 소개한다.

영국 에든버러를 떠나 북서쪽으로 향했다. 하이랜드와 스카이섬 여행의 시작이다. 자연을 바라보다 갑자기 시인인 것처럼 시를 써 내려갔다.

끝없이 펼쳐진 거친 녹색 잔디,

길고 좁은 냇물, 작은 연못과 강, 맑고 커다란 호수,

완만하고 부드러운 곡선을 가진 산이 굽이친다.

바닥은 작고 거친 바위, 산 정상으로 가면 커다란 바위 모자도 있다.

하나만 외로이 서 있는 소나무, 연결된 숲, 분홍색 꽃,

먹구름과 파란 구름이 교차한다.

산꼭대기부터 시작된 1단, 2단, 3단 폭포,

양과 소들이 들판에서 유유히 풀을 즐긴다.

태초의 자연이 나를 끌고 들어간다.

야생화, 풀들이 나에게 이야기를 걸어왔다. "나는 그대로 있으니 너무 아쉬워하지 마" 위로한다. "다시 오렴" 먹먹해진다. 많이 그리울 듯하다. 울먹여진다. 왜 그럴까? 날것 그대로의 매력, 내가 좋아하는 것이 바로 이거다! 꾸미지 않고, 화려하지 않고. 본래 나의 모습으로, 좋아하는 것만을 좇아서 살아가면 어떨까? 자유를 만끽하는 양처럼 오늘은 여기, 내일은 저기. 마음 내키는 대로 가고 거기가 아니면 다른 곳으로 가고. 혹독한 겨울이 오면 견디거나 몸의 일부만이라도 피할 수 있는 곳을 찾아 머무르는 양처럼. 오늘 영감을 얻었다. 뜨거워진다. 눈앞에 보이는 양처럼 제2의 인생을 살아가리라.

송창주 관장님과의 대화 하고 싶은 일을 죽을 때까지 하리라

네덜란드 헤이그에 있는 이준 열사 기념관의 초인종을 눌렀다.

을사늑약의 무효를 전 세계에 알리고, 한국의 국권 회복을 위해서 애쓰셨던 이준 열사의 약력, 구체적인 활동 등이 일목요연하게 전시되어 있었다. 2층을 보다가 송창주 관장님을 만나서 노고에 감사를 표했다.

"정말로 고생하신 흔적이 많이 보이네요. 20만 달러로 이런 공간을 사시고 30년 가까이 운영하셨으니 정말 대단하십니다."

"역사가 자꾸 잊히는 것 같아 아쉬워요."

관장님은 숨겨진 이야기도 들려주셨다. 내가 은퇴했다고 했더니 "일은 죽을 때까지 해야죠. 적은 돈이라도 받으면 더 좋고요"라며, 자신도 그렇게 하고 있고, 새 책 출간을 포함한 일이 밀려 있다고 하셨다.

"세상에 종말이 온다면 무엇을 할 거예요?"

갑작스러운 관장님의 돌발 질문에 무척 당황했다. 잠시 머뭇거리다가 "내 일을 하면서 죽을 것 같아요"라고 답했는데 나도 왜 그렇게 대답했는지 지금도 이해가 되지 않는다. 관장님은 기다렸다는 듯이 '지구의 종말이 오면 사과나무를 심겠다'로 유명한 철학자 스피노자(Baruch Spinoza)를 소환했다. 여기서 20m만 걸어가면 스피노자의 동상이 있고, 거기서 10m 가면 스피노자가 살던 집도 있다고 들러보라고 권했다. 뜻깊은 만남을 통해 제2의 인생에 대한 영감을 얻었다. '죽을 때까지 내가 하고 싶은 일을 하며 살자.'

혼자 여행하면서 재미와 의미를 동시에 얻는 방법 세 가지

혼자 여행하면서 재미와 인생의 의미까지 얻는 방법 세 가지를 소개한다. 먼저 웃으며 다가가서 현지인과 어울려라. 웃음은 현지인과 친해지는 치명적인 무기다. 언어의 능통 여부에 상관없이 그들의 대화에 맞장구치거나 호응하는 것만으로도 현지인과 친구가 될 수 있다. 언어가 안되면 요즘 다양한 번역 앱들이 있어서 다소 불편하기는 해도 의사소통을 할 수 있다. 친구가 되면 현지인 집에 초대받아 현지인의 생활 경험까지도 할 수 있다. 또한 어려움이 닥쳤을 때 대처하려면 현지인의 도움이 필요하다. 나는 여행 중 코로나가 걸려서 심각한 상황이었는데 현지인의 큰 도움을 받아서 완쾌되었던 경험도 있었다.

계획된 여행보다는 즉흥 여행을 하라. 잊을 수 없는 즉흥 여행 에피소드가 있다. 영국 하이랜드 여행 중 원하던 식당 두 군데가 문이 닫혀서 할 수 없이 펍(Pub)에 갔다. 같이 동석한 영국인 두 부부와 친해져서 프리미어리그 축구 경기를 대형 TV로 함께 관람하고, 노래하는 바까지 동행했다. 영국 여인이 손을 내미는 바람에 무대에서 춤을 추는 행운도 얻었다. 버킷리스트 중 하나였던 한국 노래를 영국 관중 앞에서 무반주로 하면서 K-Pop 스타처럼 즐기기도 했다. 다음 날 아침에 만난 여행객(어젯밤 그 바에 함께 있었던 사람)으로부터 "Star Is Born(스타 탄생)"이라고 엄지척을 받기도 했다. 완벽한 계획을 짜느라 많은 시간을 투자하지 말라고 충고하는 이유다.

끝으로 다양한 '멍'이 자신을 온전히 만날 수 있게 해준다. 단기간에 나라와 도시를 여행하려면 찍고 가는 여행일 수밖에 없다. 하나라도 더 보려고 새벽부터 밤까지 엄청난 거리를 이동한다. 쉬면서 바라보는 시간이 부족하다면 피상적인 여행에 그칠 수밖에 없다. 홀로 여행하면 내가 스스로 일정을 자유롭게 늘렸다 줄였다 할 수 있다. 장엄한 자연을 보면서 경외감을 느끼기도 하고 신기하게 대화까지 할 수도 있다. 자연 멍, 공원 멍, 운하 멍, 미술 멍, 건축 멍, 재즈 멍, 클래식 멍 등 다양한 멍을 통해 깊이 보고 그토록 만나고 싶었던 진정한 나와의 만남도 이루어질 수 있다.

"인생과 여행은 신비롭다. 설령 원하던 것을 얻지 못하고 예상치 못한 실패와 시련, 좌절을 겪는다 해도 우리는 그 안에서 얼마든지 기쁨을 찾아내고 행복을 누리며 깊은 깨달음을 얻기 때문이다." 소설가 김영하의 《여행의 이유》라는 책의 문구다. 홀로 떠난 내 80일의 유럽 여행을 고스란히 담고 있는 내용 같아서 더욱 공감이 간다. 코로나로 인해 '객사할 수도 있겠구나' 하는 심각한 위기도 겪었지만, 혼자 여행의 기쁨과 행복을 누렸던 소중한 경험이었다. 무엇보다 나의 내면으로 깊이 들어가서 온전한 나를 만났다. 현지인과 자연을 통해 제2의 인생을 어떻게 살아야 하는지에 대한 깨달음도 얻었다. 홀로 여행이 은퇴 후 나의 인생을 송두리째 바꾸어 놓았다.

자신의 세계를 구축하는 방법은 혼자 있으며
스스로 묻고 답하고 생각하는 것이다

학창 시절 교실에서는 선생님께 질문을 많이 하는 친구는 곱지 않은 시선을 받아야 했다. 학우들이 싫어하다 보니 설사 궁금한 것이 있어도 나도 물어보지 않는 것이 습관처럼 굳어버렸다. 그 후 지금까지 질문보다는 답을 찾는 것에 익숙한 삶을 살고 있다. 그러나 요즘 챗GPT*가 등장하면서 '질문의 중요성'이 주목받고 있다. 챗GPT에 적절한 질문을 통해 잡지 기사를 쓰거나 사내 공지 문서를 작성하는 회사 대표의 이야기는 이제 놀랄 일도 아니다. 은퇴 후는 질문이 더욱 중요해지는 시기다. '인생을 어떻게 살아야 할까?' 스스로에게 질문함으로써 나 자신을 찾아가는 과정이 필요하기 때문이다. 인생을 위한 질문 세 가지, 질문에 대한 인문학자의 시선, 그리고 자신의 세계를 구축하는 방법을 제시하고자 한다.

인생을 위한 질문 세 가지

서양고전학자이자 서울대 인문학연구원인 김헌 교수는 유튜브

---

* 챗GPT(ChatGPT) : 오픈에이아이(Open AI)가 개발한 대화 전문 인공지능 서비스

〈세상을 바꾸는 시간〉에서 "내가 정말 원하는 바를 스스로에게 묻고 답을 찾아보자"라고 권유한다. 또한 그의 삶에서 중요한 세 가지를 묻는 질문에 이렇게 말한다. "'나는 무엇을 하고 싶은가'와 '나는 무엇을 할 때 가장 즐거운가' 두 가지 질문에 대한 고민 없이 '나는 지금 무엇을 해야 하는가'에만 몰두하지 말라. '가장이니까 혹은 엄마이니까 반드시 해야 한다'라고 생각하는 한 중장년을 가정해보자. 의무만 요구받다 보면 강박관념이 생긴다. 나를 둘러싼 관계만 있고, 정작 관계의 주인인 내가 없다는 생각이 들면서 인생이 공허해질 수 있다는 것이다."

그런데 거의 평생을 질문하지 않고 답을 찾는 데 익숙하게 살아온 중장년이 갑자기 질문하는 삶을 살라고 말하면 가능할까. 매우 힘들 것이다. 엄청난 파도가 자신을 덮칠 것만 같은 심각한 위기 상황에 직면해야 비로소 자신에게 질문을 해야 할 필요성을 느낄지도 모른다. 앞의 세 가지 질문 중 가장 먼저 스스로에게 묻고 답해야 할 질문은 '나는 무엇을 할 때 가장 즐거운가'라고 생각한다. 행복한 인생의 문을 열어주는 중요한 열쇠이기도 하기 때문이다. 남의 삶이 아닌 자신의 삶을 살아야 하기에 자신이 좋아하는 것을 먼저 알아야 한다. 좋아하는 것을 찾으면 하고 싶은 일, 무엇을 해야 하는가에 대한 답에 대한 접근이 쉬워진다.

만약 스스로 질문하고 답을 얻었다면 그것이 끝이 아니다. 시도해야 한다. 시도하다 보면 '아 맞았구나' 하는 기쁨을 얻을 수 있다. 반면에 '내가 좋아하는 것이 이게 아니었네' 하며 실망하는 순간이 올 수도 있다. 원하지 않는 결과가 나왔다면 재시도하면서 다시 질문하고 대답할 시간을 반드시 가져야 한다. 시행착오를 겪다 보면 진정으로 좋아하는 것, 하고 싶은 일을 찾게 될 것이다. 자신의 인생을 위해 스스로가 묻고 답하고 시도해야 한다.

'질문'에 대한 철학자의 시선 ① 질문하는 자는 예민하다

서강대 철학과 최진석 명예교수는 그의 저서 《탁월한 사유의 시선》에서 "질문하는 자는 예민하다"라고 말한다. 그에 따르면 낯섦이나 생소함 등과 같은 감정은 정해진 것들이나 익숙한 것들과 갑자기 분리되는 경험이 생길 때 엄습해오는 불편한 느낌이다. 이 분리를 경험하는 상황에서 인간은 일단 고독해지는데, 익숙함을 공유했던 주변의 연결망이 갑자기 끊어지고, '우리'에서 혼자만 벗어나 '이탈'하는 느낌이 들기 때문이다. 이런 상태에서 예민해지기 때문에 주변 상황에 민감하게 반응할 수 있게 된다는 것이다. 여기서 말하는 예민함은 가볍고 급하게 반응하는 신경질적인 민감함이 아니라 인간을 통찰로 이끄는 매우 종합적인 직관의 터전이라고 그는 말한다.

은퇴자는 특히 더 공감할 것이다. 익숙해지면 매너리즘에 빠진다. 새로운 것을 찾으려는 호기심도 생기지 않는다. 당연히 하고 싶은 질문조차도 떠오르지 않는다. 익숙함과 이별하고 홀로인 바로 지금이 최적의 질문을 던질 순간이다. 은퇴는 인생에서 커다란 변화임은 틀림없다. 커다란 변화를 감지하는 예민함이 필요한 시기다. 대응을 어떻게 하느냐에 따라 행복한 인생 여부가 결정되기 때문이다. 독립된 자아로서 질문할 줄 아는 예민한 사람이 되자.

'질문'에 대한 철학자의 시선 ② 시도하고 질문하라

인문학 전도사 장재형 작가의 저서 《마흔에 읽는 니체》에서 니체의 삶에 관한 태도를 엿볼 수 있다. "니체는 1884년 유고*에서 새로운 시도를 할 때마다 실패했고 질병과 통증에 시달렸다고 고백했지만, 계속해서 시도한다면 자신 안에 감추어진 지혜, 즉 본연의 나 자신으로 돌아오게 하는 방법을 발견할 수 있다고 했다. 만약 우리가 잘못된 선택을 하더라도 언제든 삶의 방향을 바꿀 수 있다. 그 방법은 계속해서 시도하고 질문하는 것이다. 니체는 《차라투스트라는 이렇게 말했다》에서 이렇게 말한다. '시도와 물음, 그것이 나의 모든 행로였다. 그리고 참으로, 사람들은 이러한 물음에 대답하는 것을 배워야만 한다!'"

험난했던 니체의 삶이 무겁게 다가온다. 그러나 끊임없는 시도를 통해 결국 나 자신으로 돌아오게 하는 방법을 발견했다는 말이 희망을 준다. 갑자기 노르웨이 출신 표현주의 화가 뭉크(Munch)의 일생이 떠올랐다. 어린 나이에 어머니와 누이의 죽음으로 일찌감치 죽음의 공포를 안고, 관절염과 열병에 시달리는 불우한 삶을 살았다. 하지만 죽을 때까지 작품 하나하나에 몰입하면서 본연의 자신으로 돌아오게 된다. 대표작 〈절규(1893년)〉는 우울과 불안했던 자신의 모습을 상징하는 듯하다. 험난했던 삶을 극복하고 자신

---

* 유고 : 죽은 사람이 생전에 써서 남긴 원고

의 희망과 열정이 보여주는 듯한 〈태양(1911년)〉이라는 작품이 더 끌리는 것은 나만의 생각일까.

자신의 세계를 구축하는 방법

그럼, 은퇴 후 자신의 세계를 구축하는 방법을 알아보자. 먼저, 스스로 묻고 생각하며 답하자. 스스로 묻고 생각하기 위해서는 자기만의 시간과 공간을 확보해야 한다. 온전히 나와 만나기 위해서다. 일상에서 확보하기 어렵다면 혼자 여행을 하는 것도 좋은 방법의 하나다. '나는 무엇을 하고 싶은가, 나는 무엇을 할 때 가장 즐거운가, 나는 어떤 사람으로 남고 싶은가'에 관한 질문을 던져보고 스스로 답을 찾아가보도록 하자. 그것이 바로 나 자신을 찾아가는 과정이자 자신의 세계를 구축하는 중요한 방법이다.

단점을 보완하려 하지 말고 자신만의 장점을 살려라. 회사에서 1박 2일 워크숍을 한 적이 있다. 먼저 강점과 약점을 파악하는데 '내가 이런 강점이 있었나?' 의아해하는 직원들이 많았다. "약점을 보완하려 애쓰지 말고, 강점을 부각하는 데 최선을 다하라"는 강사의 메시지가 여전히 강하게 남아 있다. "너는 이야기를 잘 들어주고, 상대방을 편안하게 해줘"라는 말을 들었다고 하자. 상대방이 인정한 경청하고 배려하는 능력은 자신의 세계를 구축하는 데 중요한 재능이 될 수 있다. '나는 이제 더 이상 가치가 없어'라는 부정적인 시각은 버리고, 자신의 강점(장점이 아닌 강점)만을 바라보며 키워나가자.

마지막으로, 변화를 두려워하지 말고 시도하고 대응하자. 은퇴는 예상했던 것보다 훨씬 충격적인 변화다. '이젠 좀 즐겨야지' 하고 생각해도 막상 시간이 많지 않은 것 같아서 고민에 빠진다. 익숙해지면 편하고, 변화가 둔감해진다. 변화에 둔감한 사람은 예민한 사람에 비해 위기 대처 능력이 다소 떨어지는 것이 사실이다. 사람은 늘 변화 속에서 살아간다. 그리고 그 변화로 인해 영향을 받을 수밖에 없다. 닥칠 변화를 두려워하지 말고 받아들여라. 그리고 질문과 함께 시도하고 또 시도하자. 설사 아픔과 실패가 있더라도 결국은 자신의 세계를 만들 것이다. 모든 삶은 '변화' 속에 있다.

　김헌 서울대 교수는 저서 《천년의 수업》에서 마음껏 질문을 던지라고 강조한다. "자신이 어떤 길을 걷고 있는지 묻는 사람의 눈에는 또 다른 길이 보이며, 질문을 놓지 않는 사람에게는 점점 더 넓은 세상이 보일 것이다. 스스로 묻고 생각할 줄 아는 사람은 그 어떤 위기에도 자기 나름의 답을 찾아나갈 것이라고 믿는다." 향후 인생을 살아가는 데 나침반의 역할을 할 수 있는 문구라고 생각되어 가끔 되새긴다. 은퇴 후 어떻게 살아갈지에 대한 진지한 질문을 던지고 스스로 답을 찾아보자. 자신의 가치를 믿고 시도하고 또 시도하면 어느덧 자신의 세계가 구축되는 날이 도래할 것이다.

인생의 결정적인 변화는
언제나 자기 내면에서 시작된다

"아무리 봐도 저 사람 속은 정말 모르겠어"라는 말이 절로 나올 때가 있다. '열 길 물속은 알아도 한 길 사람 속은 모른다'라는 속 담이 너무 잘 들어맞는 때를 종종 경험한다. 밖으로 드러나지 않 는 사람의 속마음을 '내면'이라고 한다. 가장 드러내고 싶지 않은 것이 자기 내면일지도 모른다. 특히 아픔이라면 더욱 감추고 싶은 것이 인지상정이다. 은퇴자가 되면 더욱 그렇다. '너 지금까지 잘 해왔어'라고 스스로 마음을 추스르는 것은 쉽지 않다. 자신의 변 화를 위해 마음 근육을 강화해야 한다. 마음 근육을 강화하면 좋 은 이유에 대해서 알아보고, 인생의 변화에서 좋은 결과를 얻는 방법도 소개하고자 한다.

마음 근육을 강화하면 내가 바뀐다

김주환 연세대 교수는 최근 출간한 저서《내면 소통》에서 '마음 에도 근육이 있다'라고 말한다. 그는 마음 근력을 키우면 "첫째,

정신 건강에 큰 도움이 된다. 불안과 통증의 고통으로부터 자유로워질 수 있으며 감정조절력이 향상되어 마음이 늘 평온해지고 행복한 상태가 오랫동안 지속된다. 둘째, 신체적 건강에도 큰 도움이 된다. 면역력이 강화될 뿐만 아니라 신체의 여러 기능이 향상되고 노화도 늦춰진다. 셋째, 성취 역량과 수행 능력이 높아진다. 뇌의 편도체[*]를 안정화하고 전전두피질^{**} 중심의 신경망을 활성화함으로써 전반적인 인지 능력이 향상된다"고 말한다.

'백수가 과로사한다'라는 말이 있다. 은퇴 후 여유 있는 시간에 좋아하는 취미, 배움, 여행 등에 눈코 뜰 새 없이 바쁘다 보면 지치고 심하게 아픈 증상이 오는 것을 말한다. 나에게도 어김없이 찾아왔다. 고3 수험생 수준으로 빡빡한 인생 수업 커리큘럼에 못 견디면서 두 달 후 몸에 이상 신호가 왔다. 근육운동을 시작하게 된 동기다. 근육이 발달하려면 일정 강도 이상의 자극이 필요하다. 기존 무게에 1kg이라도 증가시키려면 상당한 고통이 따른다. 그 고통을 감내해야 한다. 또한 근육이 만들어지려면 한 세트를 3회, 일주일 최소 3회 정도 꾸준히 지속해야 한다. 결국 특정 강도 이상의 자극을 반복하면, 원하는 근육이 생기고 자신감마저 얻을 수 있다.

"마음에 무슨 근육이 있어?"라고 의아해하는 사람도 있을 것이다. 은퇴 후 자존감이 추락하면서 누구를 만나는 것도 싫어지고

---

[*] 편도체 : 대뇌변연계에 있는 아몬드 모양의 뇌 부위다. 감정을 조절하고, 공포 및 불안에 대한 학습 및 기억에 중요한 역할을 한다.
^{**} 전전두피질 : 전두엽의 앞부분을 덮고 있는 대뇌 피질을 가리킨다. 사람의 생존본능과 성격이 이 부위와 연관되어 있다고 여겨진다. 또한 계획하는 일, 성격의 표현, 의사결정, 사회적 행동 조율, 발화와 언어 조율이 모두 이 부위의 기능으로 여겨진다.

자연스럽게 혼자 있는 시간이 많아졌다. 나의 내면과 마주하게 된 것이다. 운 좋게도 좋아하는 것을 찾아서 마음이 다소 안정이 되는 듯했지만 이내 마음이 흔들렸다. 이번에는 '삶의 의미'가 문제였다. 하고 싶은 일을 찾았더니 마음이 다소 편안해졌다. 이제 내 마음에 근육이 생긴 것이 아닐까? 마음 근육은 힘든 일과 즐거운 일을 겪으면서 축적되는 시간이 필요하다는 것을 몸소 체험했다. 마음 근육이 생기면서 나는 바뀌었다. 매일 일어나는 시간이 일정하고, 일어나자마자 하고 싶은 일을 시작한다.

자기 내면을 찾는 방법 오직 관찰하라

역사학자이자 유명 작가인 유발 하라리(Yuval Noah Harari)의 저서 《21세기를 위한 21가지 제언》 중 '명상' 부분이 흥미롭다. "다리를 꼬고 앉아 눈을 감고 코를 통해 숨이 드나드는 데에 모든 주의를 집중한다. 몸은 매 순간 변한다. 뇌도 매 순간 변한다. 정신도 매 순간 변한다. 자신을 자세히 관찰하면 할수록, 순간순간에도 지속되는 것은 아무것도 없다는 사실이 점점 더 분명해진다. 내가 깨달은 가장 중요한 것은, 내 고통의 가장 깊은 원천은 나 자신의 정신 패턴에 있다는 사실이었다. 내가 뭔가를 바라는데 그것이 나타나지 않을 때, 내 정신은 고통을 일으키는 것으로 반응한다. 고통은 나 자신의 정신이 일으키는 정신적 반응이다. 이것을 깨닫는 것이 더한 고통의 발생을 그치는 첫걸음이다."

명상은 종교적 행사처럼 느껴져서 거리감이 있는 것이 사실이다. 마이크로소프트사의 CEO였던 빌 게이츠(Bill Gates)가 의도적으로 매년 두 차례 2주일간 생각 주간 여행을 떠난다는 뉴스에 관심을 두게 되었다. 'CEO 자리가 얼마나 바쁠 텐데' 자기만의 몰두하는 시간을 강제로 할애한다는 사실만으로 참 대단한 사람이라고 생각했다. 알고 보니 빌 게이츠의 명상은 유발 하라리로부터 직접적인 영향을 받았다고 한다. 유발 하라리는 매일 2시간 명상, 매년 한두 달간 명상 수련 휴가를 떠난다고 한다. "유명한《사피엔스》나《호모 데우스》라는 책도 명상 수련이 아니었으면 쓰지 못했을 것"이라고 그는 고백한다.

은퇴 전후 좋아하는 것 혹은 하고 싶은 일을 못 찾아서 고통에 시달린 경험이 있을 것이다. 유발 하라리는 "그 고통은 나 자신의 정신이 일으킨다"고 말한다. 더한 고통을 발생하지 않으려면 자신의 마음을 다스릴 줄 알아야 한다. 은퇴 후 사회적 관계망이 끊어져서 괴로워하는 사람도 많다. 오히려 좋은 기회라고 생각하자. 자연스럽게 줄어든 만남이 고맙게도 자기 자신과의 시간을 늘려준다. 속마음도 잘 들여다볼 수 있는 기회가 된다. 친구가 줄었지만 내가 나의 친구가 될 수도 있다. 남과의 만남이 아닌 자신과의 만남의 기회로 활용해보자.

자기 내면을 찾는 방법으로 명상도 좋지만, 자신에게 맞는 방법을 찾아야 한다. 좋은 사람과의 만남 자체도 좋지만, 만나는 사람이 공통적인 흥미나 관심을 갖고 있으면 같이 즐기면서도 동시에 자신과도 만날 수 있다. 예를 들면 그림 전시회를 같이 갔다고 가정하자. 전시된 그림 작품을 마주하고 작가의 의도를 파악해본다. 어떤 작품은 신기하게도 자신이 그 작품의 주인공인 양 빙의되는 경우가 있다. 다른 작품보다 더 오래 머무르면서 '그림 멍'에 빠지기도 한다. 전시회에서 그림을 보았을 뿐인데 자신과의 만남이 일어나는 작은 기적을 맛본 것이다. 음악, 여행, 책, 글쓰기, 공연, 영화 등을 통해서 자신의 내면과 만나는 작은 기적의 경험이 이어지기를 바란다.

인생의 변화에서 좋은 결과를 얻는 방법 세 가지

은퇴는 인생의 큰 변화이자 기회다. 이 좋은 기회를 잘 활용해서 좋은 결과를 얻는 방법을 소개하면 다음과 같다. 첫째, 몸 근육처럼 자신의 마음 근육을 키워라. 몸 근육을 키우기 위해 피트니스센터에 가듯이 '내 마음 센터'를 방문하라. 아령과 역기를 활용해서 몸 근육을 만드는 것처럼 자신에게 맞는 마음 기구를 선택하자. 독서, 일기, 글쓰기, 음악 듣기, 그림 감상하기 등 자신이 좋아하는 마음 기구로 하루에 1시간 정도 투자하자. 꾸준히 지속하면 마음 근육이 키워진다. 마음 근육은 반드시 자신을 긍정적으로 변화시킨다.

둘째, 역경이 있어야 한 단계 성장할 수 있음을 잊지 말자. 앞서 자기 내면을 성찰하고 단단하게 만든 사람은 아무리 힘든 역경이 오더라도 쉽게 굴복하지 않는다. 자기 내면이 단단한 사람은 뿌리 깊은 나무에 비유된다. 아무리 초강력 태풍이 오더라도 넘어지거나 뽑히지 않을 것이다. 인생은 늘 순탄치만은 않았다. 즐거움과 어려움이 번갈아 오는 단순한 물결 모양의 사인 커브(Sine Curve)와 같다. 마음이 단단한 사람은 어려움이 닥치면 회피하지 않고 인내하며 견딜 것이다. 그러면 한 단계 높게 성장한 자신을 마주하며 미소를 지을 수 있다.

셋째, 남의 도움을 받기도 하고 주기도 해라. 자신이 스스로 명상하고 마음의 근육을 만들었다고 하더라도 자기의 세계에만 빠져서 살 수는 없다. 세상과 소통해야 한다. 남과 관계를 맺을 때 서로 신세를 지는 것을 싫어해서 부탁하거나 도움을 주는 것을 꺼리는 사람도 많다. 도움이 필요하면 요청하자. 물론 도움을 줬던 사람에게는 갚아야 한다. 하지만 강박에 사로잡히지 않았으면 한다. 내가 도움을 줄 수 있는 사람은 그 사람이 아닌 다른 사람이 될 수도 있다. 도움을 받고 줄 때 보상을 바라지 않으면 선순환은 계속될 것이다.

"우리가 우리의 내면에서 무언가를 성취할 수 있다면 그것은 곧 외부의 현실을 변화시키게 될 것이다." 그리스의 철학자 플루타르크(Plutarch)의 명언이다. "마음 근육을 강화하면 나를 바꿀 수 있다. 나를 바꾼다는 것은 세상을 바꿀 수 있다"라는 김주환 교수의 글과 일맥상통한다. 유감스럽게도 그토록 만나지 못했던 나를 만난 것은 은퇴 후였다. '왜 이리 늦었을까' 후회하지 말자. 이제라도 만난 것에 기뻐하자. 지금부터 29만 시간 이상이 주어졌으니 늦은 것이 아니다. 자기 내면을 단단히 만들어가는 과정이 바로 행복이다. 설렘이 일상에서 일어나고 있다면 인생의 변화를 이미 진정으로 즐기고 있는 것이다.

앞으로 나아가기 전 멈추어서
충분히 생각한 후 나아가는 사람이 되자

녹색 신호등이 켜졌다. 교차로를 건너는 순간 우회전 차량이 신호와 보행자를 무시하고 횡하고 지나가는 아찔한 장면을 목격했다. '사고라도 나면 어쩌려고. 에이 그렇게도 바쁜가.' 예전 미국 출장 때 현지인에게 주의를 받았던 기억이 떠올랐다. 사람이 없는 것 같아 멈춤 신호를 무시하고 그냥 지나갔기 때문이다. STOP 표지판이 보이면 멈추어야 하는데 멈추지 않는 것이 어느덧 몸에 배어 있었다. 은퇴는 이른바 'STOP 표지판'과 같다. 무엇보다 우선 멈추어야 한다. 그리고 지금까지 살아온 삶을 돌이켜보고 '어떻게 살 것인가?' 질문을 던져야 하는 시기다. 잘 쉴 수 있는 휴식 기술을 소개하고, 더 나아가기 위해 멈추고 생각하며 휴식하는 방법을 알아보자.

자신을 위한 멈춤

2023년 6월 동아일보의 〈최고야의 심심토크〉에서는 어떻게 해야 잘 쉴 수 있을까에 대한 '휴식의 기술'을 제시한다. "첫째, 능동적으로 휴식 시간을 쟁취하라. 쉬는 시간을 내 뜻대로 선택하는 것부터가 진정한 휴식의 출발점이다. 둘째, 일을 멈춰야 비로소 활동을 시작하는 것이 뇌다. 쉬는 동안 뇌는 기억을 저장하고, 창의성을 발휘해 조용히 해결책을 모색한다. 셋째, 자연이 주는 집중력의 힘이다. 자연을 보고 듣는 것도 집중력을 높이는 좋은 방법이다. 넷째, 기쁨으로 몰입할 수 있는 취미를 찾아라. 효과적인 휴식은 즐거운 일에 몰입하는 것이다. 정신적 만족감을 높이는 휴식을 취하려면 심신의 이완뿐만 아니라 시간과 관심을 쏟아 몰입을 일으키는 도전적인 취미활동이 필요하다."

은퇴 전에 '번아웃(Burnout) 증후군'에 걸려 고생하는 직장인이 많다. '일에 몰두하던 사람이 극도의 스트레스로 인하여 정신적, 육체적으로 기력이 소진되어 무기력증, 우울증에 빠지는 현상'을 말한다. 멈춤 없이 일에만 전념하다가 몸에 이상이 생기면서 강제로 멈춤을 선택할 수밖에 없는 안타까운 상황이다. 물론 사회생활을 하면서 내 마음대로 휴식을 선택하기는 현실적으로 어렵다. 하지만 몸에 이상 증세가 오기 전에 멈추고 쉬어야 한다. 멈춤은 자기 삶의 충전을 통해 성장을 만들어내는 중요한 요소이기 때문이다.

은퇴 후는 어떨까? 하루 24시간이 다 멈춤이자 휴식이라고 볼 수 있다. 그로 인해 지루함과 무기력함을 느끼기도 한다. 은퇴 후는 스스로 멈출 줄 알아야 한다. '자신을 위한 멈춤' 말이다. 멈춤의 시간을 통해 자신의 마음을 추스르고, 내면을 차분히 들여다볼 놓칠 수 없는 기회로 활용해야 한다. 멈춤은 소비가 아니라 새로운 인생을 위한 투자다. 어떠한 투자보다 수익률이 높을 것이다. 멈춤은 자신의 인생을 위한 투자이기에 'High Risk High Return(고위험 고수익)'이 아니라 'Low Risk High Return(저위험 고수익)' 우량주다.

낮잠 자는 어부처럼 살자 필요한 만큼 충분히 있어

노벨 문학상 수상자이자 소설가인 하인리히 뵐(Heinrich Boll)의 그림책 《현명한 어부》의 한 일화를 읽어보면 시사하는 바가 크다. 서유럽 바닷가 항구에서 보트에 드러누워 낮잠을 자는 어부가 있었는데, 화려하게 차려입은 관광객은 어부에게 "날씨가 좋은데 왜 고기를 잡지 않느냐"고 물었다. 어부는 "필요한 만큼 이미 충분히 잡았다"고 답했다. 관광객은 답답해하며 "당신이 두 번, 세 번, 아니 그 이상 물고기를 잡으러 나가면 더 많은 돈을 벌 것"이라며 "1년쯤 뒤면 모터보트를 살 수 있고, 나중에는 어선도 사고, 냉동 창고, 훈제 생선 창고, 공장, 헬리콥터까지 사게 될 것"이라고 열을 올렸다. 어부는 "그런 다음은요?"라고 되물었다. 관광객은 "그런 다음, 이 항구에 앉아 햇살과 풍경을 즐기면 된다"고 했다. 어부가 답했다. "내가 지금 그러고 있잖소."

관광객의 말처럼 물고기를 충분히 잡았음에도 더 많은 돈을 벌기 위해 최선을 다하는 사람들이 많을 것이다. 가족과 자신을 위해서 은퇴 전에 그런 삶을 사는 것이 당연하다는 생각이 들기도 한다. 많은 돈을 벌고 여유가 생겼을 때 휴식을 마음껏 즐겨야지

하는 생각 자체가 문제가 있다. 충분한 돈을 확보한 후 몰아서 즐긴다고 해서 휴식은 만족스럽지 못할 것이다. 자신이 해야 할 일이나 하고 싶은 일을 하면서 짬짬이 즐겨야 휴식은 달콤하고 만족스럽기 때문이다. 휴식은 몰아서 즐겨서는 안 된다.

나에게 가장 좋아하는 화가 한 명을 꼽으라면 단연 빈센트 반 고흐(Vincent van Gogh)다. 지난 유럽 여행 중 고흐 작품만을 보고 싶어 암스테르담에 있는 빈센트 반 고흐 미술관을 찾았다. 자화상, 해바라기 등 주옥같은 작품들이 한 장소에 있다는 것 자체만으로 흥분이 되었다. 한 번 보고 또 보고를 반복하면서 무려 8시간을 머물렀다. 보통은 한두 시간 만에 다리가 아파서 니왔었는데 왜 그런 일이 벌어졌을까. 고흐 작품에 몰입하는 것 자체가 나에게는 휴식이었다. 거짓말처럼 다리가 아프지 않았다. 오히려 만족감이 밀려왔다. 심지어는 더 보고 싶은 생각도 들었다. 멈추고 좋아하는 대상을 바라보는 행위만으로 나에게 휴식을 줄 뿐만 아니라 즐거움과 만족감도 준다는 것을 몸소 체험했다.

매월 들어오던 월급이 들어오지 않고, 자녀의 대학 등록금에 대한 부담을 견디지 못하고 퇴직 후 바로 재취업을 한 퇴직자가 있다. 자신의 처한 현실로 인해 충분한 휴식 시간을 갖지 못했다. 여전히 자신의 미래에 불안감을 가지고 살고 있어서 안타깝다. 은퇴 후에는 멈춤과 휴식이 무엇보다 중요하다. 앞서 어부의 이야기처럼 '필요한 만큼 충분히 있어'라는 긍정적인 생각을 가지고 금전적인 기대치를 낮추어보자. 그리고 휴식을 통한 여유 있는 일상에서 삶의 만족과 기쁨을 누려야 한다. 뒤늦게 깨우치면 얼마나 불행한 일인가. 죽을 때 '일을 더 많이 할걸' 하고 후회하는 사람은 거의 없다는 것을 다시 한번 마음에 새겼으면 한다.

멈추고 생각하며 휴식하는 방법

은퇴 후 멈추고 생각하며 진정한 휴식을 즐기는 방법을 알아보자. 첫째, 멈춰서 생각하는 기간을 충분히 확보하라. 은퇴 후 불과 몇 달도 채 안 되어서 갑자기 주어진 휴식과 멈춤을 견디지 못하고 중단하는 경우가 허다하다. 자신은 일을 해야 행복하다고 하면서 재취업 혹은 창업을 하기도 한다. 물론 창업하거나 재취업을 하는 것이 나쁘다는 것이 아니다. 바람직하다. 가진 것을 내려놓고 멈춤을 통해서 자신을 만나야 하는 시간을 놓친 것이 안타까운 것이다. 반드시 멈춰서 지금까지 나와 나의 향후 인생을 생각하는 충분한 기간을 가져라. 이제는 성급하지 않아도 된다. 남은 인생이 생각보다 무척 길기 때문이다.

둘째, 자신만의 멈춤의 장소를 마련하라. 인간은 사회적 동물이기에 사회를 떠나서는 살 수 없다. 직장 생활을 할 때 특히 상대방의 기분을 맞추거나 의식하면서 살다 보니 멈추어서 생각하는 시간적 여유뿐만 아니라 공간조차도 없다. 조용히 휴식할 수 있는 아지트도 마땅치 않았다. 집에 와도 자기 방이 있는 사람이 많지 않을 것이다. 방해를 받을 수밖에 없는 프레임에 둘러싸여 있다. 일부러 휴식할 수 있는 장소가 필요하다. 거기에 가면 현실과 단절되면서 멈춤이 시작된다. 바로 그런 공간이 필요하다. 산책과 등산이 대안이 될 수 있다. 멈춤의 장소를 찾아 홀로 여행을 떠나는 것도 좋은 방법이다.

셋째, 나에게 맞는 휴식법을 만들어라. 주말에 그토록 즐겁게 놀았는데 월요일에 출근하려면 몸이 천근만근인 경우가 많다. 휴식을 제대로 하지 않았다는 증거다. 휴식하면 내 몸과 정신이 충전된다. 하고 싶은 것을 활력 있게 할 수 있는 추진력도 생긴다. 집에서 누워 리모컨을 누르며 하루 종일 보내는 것은 오히려 피로를 누적시킨다. 좋아하는 취미를 해보면 어떨까. 음악만으로도 다양한 휴식법이 있다. 기타와 같은 악기를 직접 연주하거나 혹은 직접 공연장을 찾아가 감상하면서 힐링하기도 한다. 음악만으로도 얼마나 장르가 다양한가. 클래식, 재즈, 팝 등을 얼마든지 즐기면서 진정한 휴식을 즐길 수 있다.

"때때로 손에서 일을 놓고 휴식을 취해야 한다. 쉼 없이 일에만 파묻혀 있으면 판단력을 잃기 때문이다. 잠시 일에서 벗어나 거리를 두고 보면 자기 삶의 조화로운 균형이 어떻게 깨져 있는지 보다 분명히 보인다." 이탈리아의 천재 화가 레오나르도 다빈치(Leonardo da Vinci)의 이 말이 지금 현실을 살고 있는 우리에게도 잘 들어맞는다. 휴식은 나중에 여유 있을 때 하겠다고 미루면 안 된다. 멈추어 생각하는 시간을 가져라. 자신의 세계로 나가기 위한 '잠시 멈춤'이다.

얼마나 빼느냐, 버리느냐
삶을 단순화해야 한다

평소에 잘 보이던 물건도 찾으려면 없다. 새로 산 물건들은 여기저기 놓여 있고, 차일피일 미루다 정리가 쉽지 않아진다. 정리가 안 되니 찾다가 짜증 나는 일이 잦아진다. 버리면 되는데 '다음에 필요할 수도 있지 않을까' 하며 그 기회마저 사라진다. 사람의 생각은 어떨까. 쓸데없는 걱정, 결정하기 전 고려할 요소들을 생각하며 머리가 지끈 아팠던 경험이 많이 있을 것이다. 걱정하고 생각하는 시간이 많다고 올바른 결정을 내릴 확률이 높아지는 것은 아니니 이제는 '단순한 삶'으로 전환할 때다. 더하려는 욕심보다는 빼는 단순화된 삶이 행복을 가져다주기 때문이다. 삶을 단순화시키면 좋은 점을 알아보고, 단순한 삶을 살아가는 방법을 제시하고자 한다.

단순한 삶으로 전환하면 좋은 이유

유명 정리 정돈 전문가 오키 사치코(沖 幸子)는 그의 저서《행복한 사람은 단순하게 삽니다》에서 '단순히 사는 것'을 이렇게 말한다. "지금 여기에서 그 흐름을 잠시 멈추고 거슬러서 자기 나름대로 삶을 풍요롭고 살기 좋게 만들 방법을 찾는 것이 중요하다. '단순히 사는 것'은 옛 좋은 시절로 돌아가자는 것이 아니다. 편리한 도구와 현대 문명, 자연을 누리면서 지금까지 터득한 삶의 지혜와 경험을 활용해 군더더기를 빼고 몸과 마음을 건강하게 하는 일이다. 삶을 단순하게 만드는 지혜는 마음만 먹으면 우리 주위에서 재미를 느낄 정도로 많이 찾을 수 있다. 생활 속에, 자신의 마음속에, 인간관계 사이에, 돈과 시간 속에서 발견할 수 있다."

단순하게 사는 것이 좋은 이유는 무엇일까. 첫째, 등에 얹은 '책임이라는 짐'을 내려놓으니, 스트레스가 소소한 행복으로 바뀐다. 지금까지 가족과 회사를 위해 등에 얹은 책임이라는 짐의 무게가 상당했다. 짐의 무게가 바로 스트레스에 정비례했다. 이제 그 부담을 내려놓아도 된다. 은퇴 후는 자신만의 삶을 살아가는 시기이기 때문이다. 힘겨웠던 짐을 내려놓는다는 것은 단순한 삶의 시작이자 스트레스와 작별을 고하는 시간이다. 홀가분하게 소소한 행복을 누려보자.

둘째, '더 가져야지' 하는 욕심이 사라진다. "진흙을 이겨서 그릇을 만드는데, 그 속이 비어 있기에 그릇의 쓰임이 있다"는 도덕경에 나오는 문구다. 비어 있기에 그릇의 쓰임이 있듯이 이제는 돈과 물건에 대한 욕심을 내려놓고 비우려고 노력해야 한다. 돈의 속성은 목표하는 금액에 달성하더라도 만족하지 못하고 더 갖고 싶은 욕심이 생긴다는 것이다. 돈 위주의 삶은 결국 만족하지 못하고 행복하지 못할 가능성이 크다. 꼭 필요한 물건도 마찬가지다. 소중하다고 생각했던 물건도 막상 사용하면 불필요한 경우가 많다. 단순하게 산다는 것은 필요한 물건만 사는 합리적 소비이자 낭비 없이 검소하게 생활하는 것이다. 불필요한 소비가 줄어들면 경제적인 도움도 된다.

셋째, 단순한 삶이 '신나는 재미'로 연결된다. 은퇴 후 생활이 단순해지니 처음에는 무료하다. 무료함을 달래기 위해 채움을 찾다가 결국은 좋아하는 것에 다가간다. 즉 미루었던 좋아하는 취미를 배우고 즐기게 된다. 젊은 시절 대비 시간이 더 걸리거나 더딜 수도 있다. 그러나 누가 뭐라고 하겠는가. 자신이 좋아하는 즐길거리가 있다는 것만으로도 행복하다. 좋아하는 취미를 배우면 새로운 인간관계도 형성되니 일거양득이다. 단순하게 살려고 한 삶이 재미가 더해지니 풍요로워진다.

'단순한 삶'을 살아가는 방법

삶을 단순하게 사는 실천 방법을 소개하면 다음과 같다. 먼저, 더하려고 하지 말고 군더더기를 빼자. '군더더기'라는 사전적 의미는 '쓸데없이 덧붙은 것, 필요로 하지 않는 물건'을 일컫는 말이다. 군더더기가 아니라고 오해하는 것이 더 큰 문제다. 군더더기를 더하려 하지 말고 빼자. '다른 것은 버려도 차는 안 돼'하는 사람이 많을 것이다. 차 없이 대중교통을 이용할 때 오히려 장점이 더 많다. 꼭 필요하다고 생각하는 착각이 단순한 삶으로 진입하지 못하게 할 수 있다. 군더더기라는 카테고리에 가능한 한 많이 포함시키고, 정리하는 습관을 지녀야 한다.

다가올 내일에 대한 걱정을 그만두고, 오늘 하루에 충실해지자. 사람은 누구나 미래에 대한 불안 걱정을 가득 안고 산다. 다만 하지 않아도 되는 걱정이 대부분이다. 너무나 당연한 말인데 왜 이리 지키기가 힘들까. 쓸데없는 걱정을 마음속 창고에 가두자. 마음은 먹어도 지속하기가 어려울 수 있다. 시행착오를 겪으면서 변화가 조금씩 일어날 것이다. 하루하루 일상을 살아냈다는 것에 소소한 행복을 느끼기 시작하면 내일에 대한 걱정은 사라진다. 오늘 하루에 충실한 일상을 습관화하자.

마지막으로, 자신이 하고 싶은 것에 온전히 시간을 투자하자. 시간 부자가 되었음은 분명히 큰 선물이다. 무료하다고 아무 일이나 채우며 시간을 헛되이 보내지 말자. 대신에 좋아하는 취미를 즐기고, 하고 싶은 일을 찾는 데 쓸모 있게 활용해보자. 무엇보다 중요한 것은 중도에서 포기하는 것이 아니라 꾸준하게 지속하는 것이다. 그래야 자신이 원하는 것을 얻을 수 있다. 즐기면서 가다 보면 어느덧 거기에 도달한 자신을 발견하며 그동안 느끼지 못한 또 다른 기쁨을 만끽할 것이다.

"삶은 매우 단순하다. 하지만, 그런 삶을 복잡하게 만드는 것은 우리 자신이다." 공자(孔子)의 명언이다. 우리는 삶이 너무 복잡하고 힘겨운 거라고 생각하며 살아왔다. 삶은 원래 단순한데 스스로 삶을 복잡하게 만들어왔다는 사실을 알지 못했다. 지금이라도 늦지 않았다. 더하려 하지 말고 군더더기를 과감히 버리자. 다가올 내일의 걱정은 그만하고, 오늘 바로 지금 충실해지자. 그리고 자신을 위한 시간을 보내자. 단순한 삶을 살았을 뿐인데 행복한 삶으로 변화되는 놀랍고 작은 기적을 보게 될 것이다.

Part **5**

은퇴 시기와
은퇴 준비하는 법

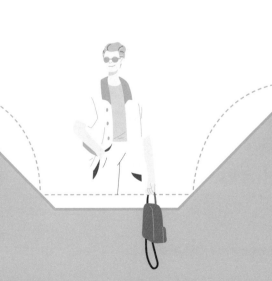

성공적인 은퇴는 은퇴 이전에
어떻게 살았느냐에 크게 좌우된다

오랜만에 50대 중반 친구들이 모였다. 은퇴자보다 현역 비중이 여전히 높다. "퇴직하면 무슨 계획이 있니?"라고 물었더니 "어떻게 되겠지…" 하며 화제를 돌렸다. 은퇴에 대한 준비보다는 현재 몸담은 회사 혹은 사업 이야기를 쏟아낸다. '지금 준비하지 않으면 은퇴 후 더 힘들 텐데….' 누구나 성공적인 은퇴를 바라지만, 비결을 분명하게 말하기는 어렵다. 하지만 은퇴 이전에 어떻게 보냈는가가 중요하다. 은퇴 전 준비가 필요한 이유와 성공적인 은퇴를 위한 은퇴 전 실천 방법을 소개하고자 한다.

은퇴 이전에 준비가 필요한 이유

〈2023 KB 골든 라이프 보고서〉는 노후 준비 정도에 대한 자가 진단 결과를 발표했다. 전체 가구의 21.2%만이 노후 준비가 '잘 되어 있다'고 응답했으며 44.6%는 준비가 '부족하다'고 생각했다. 또한 누구나 처음 가야만 하고 그래서 과정과 방법이 불명확한 행복한 노후 생활로 가는 길에 모범으로 삼을 롤모델의 필요성을 얼마나 인식하고 있는지 물었다. 노후 생활 롤모델의 필요성에 대해서는 51.1%가 필요하다는 의견에 동의했다. 노후 준비 정도별로 살펴보면, 노후 준비가 잘되어 있을수록 롤모델이 필요하다는 응답률이 높아, 노후를 잘 준비하는 데 벤치마킹할 적절한 롤모델이 필요하다는 점을 반증하는 결과였다.

그럼, 은퇴 이전에 준비가 필요한 이유는 무엇일까. 첫째, 은퇴 준비를 하면 은퇴 후 충격 완화와 적응 기간을 단축해준다. 은퇴는 상상 이상으로 엄청난 충격으로 다가온다. 은퇴라는 단어 자체만으로도 두려움과 불안감을 느끼는 것은 어쩌면 당연한지도 모르겠다. 은퇴 준비를 위해 간접 배움과 직접 배움을 동시에 하면 좋다. 간접 배움으로 제2의 인생, 인문학 관련 책 읽기를 꾸준히 하면 도움이 된다. 강연을 듣거나 관심 있는 소모임에 참여하는 직접 배움도 적극 권장한다. 그 분야를 좀 더 깊이 알고 새로운 인간관계를 구축함으로써 은퇴 후 충격 완화와 적응 기간을 단축할 수 있다.

둘째, 은퇴 준비가 은퇴라는 과감한 결단을 내릴 수 있는 든든한 지지자가 된다. 은퇴를 앞둔 사람들은 대체로 주저주저한다. 미적미적하다가 타의에 의해서 통보를 받는 경우도 많다. 자의적 은퇴인가 혹은 타의적 은퇴인가에 따라 은퇴 후 살아가는 모습에도 큰 영향을 미칠 수 있다. 바로 자신감의 차이다. 은퇴를 앞둔 사람들이 잘 모르는 사실이 있다. 성공적인 은퇴 생활을 하면서 은퇴 전보다 훨씬 더 만족스러운 삶을 살 수 있다는 것이다. 은퇴라는 행복한 길로 진입하는 결정적인 순간에 은퇴 준비가 열렬한 지지자 역할을 할 것이다.

셋째, 은퇴 준비로 인해 진정으로 하고 싶은 일을 할 수 있다. 언젠가부터 제주도는 은퇴자의 천국이 되고 있다. 1달살이, 1년살이 열풍이 생겨서 지인 중 여러 명이 거주하고 있다. 문제는 1년살이가 무척 즐겁지만 지루해졌다고 하소연하는 사람도 있다. 지인 K 씨는 고민 끝에 은퇴 전에 좋아하던 분야를 좀 더 깊이 공부하기로 했다. 결국 자기가 하고 싶은 일을 하게 되었고, 더불어 직장을 다니며 월급까지 받게 되었다고 즐거워한다. 이 성공한 은퇴자는 은퇴 전부터 꾸준히 좋아하는 분야에 관심을 기울여왔다. 은퇴 후에 좋아하던 일이 진정으로 하고 싶은 일로 연결되고 발전하게 된 것이다. 은퇴 전에 좋아하는 분야를 찾고 꾸준히 시도해야 하는 이유다.

실제 은퇴 준비 후회 사례 미리 준비하지 못하면 불행해져요

2023년 7월 미래에셋증권 매거진에 실린 은퇴 전 준비를 제대로 하지 못해 후회하는 은퇴자의 이야기를 들어보자. 공기업에서 부장으로 퇴직한 E 씨는 한동안 "그때 참았어야 했는데", "홧김에 그렇게 회사를 박차고 나오는 게 아니었는데"를 달고 살았다. E 씨는 임원 승진을 앞두고 부당한 대우를 당해 회사를 박차고 나온 케이스였다. 퇴직 후 4년간이나 섭섭한 마음이 가시지 않았고 불쑥불쑥 서운한 감정과 후회의 마음이 뒤섞여 마음이 힘들었다고 털어놓았다.

회사에서 상사, 고객 아니 회사 동료로 인해 '욱'할 때가 있다. 특히 자신의 성과를 토대로 진급과 연봉이 결정될 때 민감해질 수밖에 없다. 그러나 늘 기대하는 좋은 결과만 나오라는 법은 없다. 다소 흡족하지 않은 결과가 나왔을 때 다양한 반응이 나타난다. 심지어 월급 사장이라도 갑작스레 그만두는 상황도 발생한다. 원하지 않는 결과가 나왔다고 해서 즉시 사표를 제출하고 그만두는 돌발적인 행위는 최악이다. 차분히 자신을 돌아보고 만약에 여기서 도저히 장래성이 없다면 향후 해야 할 일을 차분하게 준비해야 한다. 순간적인 그릇된 판단으로 후회하지 않아야 한다.

무역 업무를 30년 넘게 한 D 씨도 요즘 거의 매일 산을 찾는데, 그 이유는 함께 놀 친구가 없어서다. 자연스럽게 혼자 할 수 있는 등산이 유일한 탈출구인 셈이다. "무역업 특성 때문에 해외 체류 기간이 많았고, 바쁘다는 핑계로 친구들 모임에 참석하지 못했어요. 직장 때 만났던 사람들과는 시간이 흐르면서 자연스럽게 멀어지더군요. 원만한 인간관계가 행복의 근원이라는 이유를 이제야 알 것 같아요. 홀로 산행하는 것도 좋지만, 가끔 외로움을 달랠 수 있는 술친구가 사무치게 그립답니다. 바쁘다고 친구들에게 그렇게 소홀히 하는 게 아니었는데"라고 후회한다.

대기업에 다닐 때 선배 사원이 이런 이야기를 했다. "네가 가졌던 지인 연락처가 매년 한 페이지씩 사라질 거야." 나는 그 당시에는 농담으로 알았다. 그러나 실제로 연락 없이 지내는 친구가 계속 쌓여만 가더니 급기야 농담이 현실이 되었다. 어느 날 아내와 산행하다가 오랜만에 대기업 전무인 친구를 만났다. 그 친구는 홀로 산행이기도 했지만, 헤어지는 순간 그 친구의 뒷모습이 그렇게 외로워 보였다. 회사 일로 맺어진 관계는 유감스럽게도 은퇴 후 예상보다 상당히 줄어든다. 일 중심보다는 인간적으로 가까운 관계를 만들어야 하는 이유다. 그러면 은퇴 후에도 만남을 유지하고 인생 동반자까지 될 수 있다.

성공적인 은퇴를 위한 은퇴 준비 실천 방법

성공적인 은퇴를 위한 실질적인 은퇴 준비 실천 방법을 소개하면, 첫째, 퇴근 후와 주말에 새로운 경험을 쌓는 것이 은퇴 준비가된다. 사업이나 직장에서 근무 시간에 최선을 다해야 한다. 하지만 근무 시간 이외에는 향후 자신의 인생을 위해 '어떻게 살 것인가'라는 질문을 던지며 자신을 위한 시간 투자를 반드시 시작해야한다. 남과 고객 중심의 삶에서 벗어나 나를 만나기 위한 공간을찾는 것도 좋은 방법이 될 수 있다. 좋아하는 취미, 관심 있는 강좌에 등록하는 것도 좋은 방법이다. 나는 은퇴 전에 퇴근 후 혹은 주말에 와인과 꼬마빌딩 강좌를 들으면서 다양하고 새로운 인간관계의 폭을 넓히고, 재테크 영역을 확대하는 기회로 삼기도 했다.

둘째, 자기가 좋아하는 것을 찾는 것만으로도 충분한 은퇴 준비가 된다. "좋아하는 것이 뭐예요?" 물으면 자신 있게 대답하는 비율이 현저히 낮다. 왜 그럴까. 그만큼 가족과 자신의 생존을 위해열심히 살다 보니 거기까지 관심을 둘 여유가 없었다. 은퇴 후 힘든 것 중 하나가 '내가 뭘 좋아하지?' 답을 찾는 것이다. 여기에서긴 시간이 걸리거나, 아예 여기저기 기웃거리다가 결국 못 찾는사람도 있다. 가장 좋은 방법은 시간을 내서 시도해보는 것이다.

막연히 좋아하는 것이 있어도 지속하다 보면 '내가 잘못 알고 있었구나!' 하는 경우도 생긴다. 시간이 걸리는 일이다. 은퇴를 앞두고 자기가 좋아하는 것을 찾는 꾸준한 노력을 해라. 좋아하는 것을 찾는 것만으로도 은퇴 준비는 성공한 것이나 다름없다.

셋째, 현실적으로 자기에게 맞는 적정한 경제적 목표를 정하라. 〈2023 KB 골든 라이프 보고서〉에 의하면, "전체 가구가 예상하는 노후 적정생활비는 월 369만 원"이다. 과연 적정한 수준일까. 개인마다 편차가 클 것이다. 중요한 것은 현실적인 자기만의 경제적 목표 기준을 잡아야 한다. 은퇴 전에 그 기준에 가까워지면 경제적 요건에서는 은퇴할 준비가 되었다고 판단해야 한다. 돈이라는 속성이 일정 목표에 달성하면 만족하지 않고 다시 더 높은 목표를 설정하는 경우가 많다. 그 사이클이 계속되면 행복과는 점점 멀어질 수 있고 그로 인해 은퇴가 늦어질 수 있다. 경제적인 부담이 있으면 은퇴를 온전히 즐기기가 어렵기에 중요한 부분이다.

은퇴를 앞둔 사람은 답답하다. 은퇴 준비를 구체적으로 어떻게 해야 하는지 막막하고 주변에 롤모델도 없다. 솔직히 은퇴를 실제로 겪지 않으면 속내를 알 수 없는 것이 사실이다. 그러나 은퇴 이전에 앞에서 말한 실천 방법을 잘 준비한다면 성공적인 은퇴 생활을 할 수 있다. 송길영 작가는 그의 저서《시대예보 : 핵 개인의 시대》에서 '멋지게 나이 든다'라는 말을 조금 다르게 해석한다. "'멋지게 나이 드는 것'이 아니라 애초에 '멋진 사람이 나이가 든 것'입니다." 나는 은퇴 준비를 이렇게 표현하고 싶다. '애초에 은퇴 준비를 잘한 사람이 성공적인 은퇴를 한다.'

보통은 더 일찍 은퇴하지 않고
너무 열심히 일한 것을 후회한다

"왜 일하니?" 나는 식사하면서 취업한 MZ세대 두 딸에게 돌발 질문을 했다. 두 딸의 첫 대답은 예상과 일치했다. "돈을 벌기 위해 일하죠." 작은딸은 "가끔 일이 재밌어요." 큰딸은 "일하면서 사회와 인간관계도 배워요."라고 덧붙였다. 은퇴자 혹은 죽음을 앞둔 사람에게 인생에서 가장 후회하는 것이 뭐냐고 물으면 '너무 일만 열심히 한 것을 후회한다'라는 대답은 항상 다섯 손가락 안에 든다. 왜 그럴까. 가족과 자신이 아닌 일만 전념했던 중장년 세대의 자화상이 아닐까. 은퇴를 앞둔 세대는 더 이상 이런 후회를 하지 않기를 바란다. 일의 의미, 일만 열심히 해서 후회하는 사례, 그리고 너무 열심히 일한 것을 후회하지 않는 방법에 관해서 소개하고자 한다.

'나만의 일의 의미'를 찾아야 한다

"왜 일하는가?"에 대한 질문에 교세라의 창업자이자 일본의 대표적 경영자인 이나모리 가즈오(稻盛和夫)가 저술한 책《왜 일하는가》에서 그는 "생계를 유지하기 위해 돈을 버는 것뿐만 아니라 인간은 자신의 내면을 성장시키기 위해 일한다. '일하는 것'은 우리 삶에 닥쳐오는 시련을 이겨내고, 운명을 좋은 방향으로 이끄는 유일한 길"이라고 말한다. 또한 힘든 상황이 밀려오더라도 자신의 일에 최선을 다하며, 회피하지 말고 직접 맞서라고 당부한다. 그러면 결국은 승리하고 밝은 미래가 나타날 것이라고 강조한다.

세계적인 마케팅 구루이자 비즈니스 전략가 세스 고딘(Seth Godin)의 책 《의미의 시대》에 나온 일의 의미는 다르다. "기본적인 욕구가 충족되었을 때, 사람들은 자신이 일에서 무엇을 원하는지를 분명히 알게 된다. 더 많은 스톡옵션이나 더 화려한 사무실이 아니다. 더욱 근본적인 '인간의 자율성과 존엄성'이다. 자율성은 우리에게 시간에 대한 통제력을 주고 스스로 어디에 기여할 것인지 선택하기를 허락한다. 책임과 권한을 요구한다는 점에서 자율성은 산업의 통제받는 단순 업무와 상반된다. 존엄성은 자율성에서 비롯되며, 우리가 도구가 아닌 인간으로 대접받게 한다."

'일의 의미'가 궁금한 끝에 발견한 두 책을 읽고, 일의 의미를 비교해보았다. 90세가 넘은 경영의 신이 보는 일의 의미는 인생은 어렵지 않은 적이 없으니, 난관에 부딪히면 오히려 일에 전념함으로써 극복하고 성공적인 삶을 살 수 있다고 강조한다. 반면 세스 고딘은 인간으로 대접받고 스스로 일의 기여도를 선택하는 자율성이 강조되고 있는 최근 일의 의미를 정의한다. 일에 대한 의미가 상당히 변하고 있음을 알 수 있다. 그 변화 속에서 자신만의 일의 의미에 대해서 생각해보는 시간을 가져야 할 이유다.

다시 묻는다. '왜 일하는가?', '나만의 일의 의미는 과연 무엇일까?', '나는 어떤 일을 해 나갈 것인가?' 스스로 묻고 답하는 시간을 가져야 한다. 만약 스스로 결정하기 어렵다면 관련 서적, 강연혹은 멘토와의 만남도 좋은 방법일 것이다. 그러나 결국에는 자신만의 일의 의미를 찾아야 한다. 은퇴 후에 하고 싶은 일에도 중대한 영향을 미칠 수 있기에 더욱 중요하다. 나도 신중히 고민해 보았다. '나 자신이 좋아하고, 진정으로 하고 싶은 일을 하며 남에게선한 영향력을 줄 수 있는 것'이 '나에게 일의 의미'다.

'너무 열심히 일하지 말걸' 두 가지 실패 사례

한혜경 작가의 저서 《남자가, 은퇴할 때 후회하는 스물다섯 가지》에 등장하는 C 씨(58세)의 사례가 마음을 아프게 한다. "은퇴하기 직전에 회사에서 6개월의 퇴직 준비 휴가를 줬는데, 아 글쎄, 그것마저 반납하고 근무했다니까요. 지금 생각하면 왜 그렇게까지 일과 직장에 올인했는지, 정말 모르겠어요." 퇴직 후 잘해주었던 부하 직원으로부터 연락도 받지 못해 화가 나고, 자존감이 끝없이 추락하고 나가도 갈 곳이 없어서 막막하다고 한다.

"나도 그런데" 하며 일과 직장에 몰방했던 시니어는 더욱 공감할 수 있는 사례다. 직장 내에서 인정받고 인간관계도 좋은 것은 사회생활을 잘한 것이다. 다만 은퇴 준비가 안 된 것이 문제다. 심지어 퇴직 준비 휴가라는 소중한 기회마저 오로지 회사 일을 위해포기한다는 것은 매우 잘못된 결정이었다. 업무 이외에 관심사나 취미를 찾고 꾸준히 시도해야 한다. 이왕이면 관심사의 폭을 넓히면 더 좋다. 너무 갈 곳이 많아서 가고 싶은 곳을 선별적으로 택하는 삶을 살아야 한다.

P 씨(57세)의 사연도 안타깝다. "후회요? 아무 데나 최선을 다한 점이죠. 은퇴하고 보니까 내 딴엔 열심히 한다고 한 것들이 한결같이 쓸데없는 것들이었어요. 더 중요한 건 나 자신에 대해 생각할 시간이 너무 없었다는 점이에요. 나한테 무엇이 최선인지 생각해 보는 일 없이 그냥 무작정 앞만 보고 달려왔으니, 지금 멍할 수밖에 없죠." 은퇴하고 공허감을 느끼는 이유 중 하나는 최선을 다해서 일만 했기 때문이다.

물론 일을 통해 가족의 생계를 유지하면서 보람도 느꼈을 것이다. 문제는 일에 전념하면서 자신은 인지하지 못했지만, 삶의 균형이 기울어져 있었던 것이다. 일로 인한 보람과 함께 갖추어야 할 것이 하나 더 있다. 은퇴 전에 반드시 시간적 여유를 가지고 자신의 인생을 돌아보고 향후 어떻게 살아야 하는지에 대해 질문하고 답변하는 자기만의 시간을 가져야 한다. 은퇴 후가 아닌 은퇴 전 '멍'의 시간을 통해서 또 다른 보람된 삶의 길을 찾게 될 것이다.

너무 열심히 일한 것을 후회하지 않는 방법

더 이상 너무 열심히 일한 것을 후회하지 않기 위한 세 가지 실천 방법을 제안한다. 먼저, 은퇴 후 일은 경제적이고 남을 위한 것이 아닌 '나를 위해 하고 싶은 일'을 하자. 하고 싶지만 선뜻하기 힘든 사람도 많을 것이다. 배부른 소리라고 말하는 사람도 있을 것이다. 은퇴 후에는 자존감을 가지고 자율적으로 하고 싶은 일을 해야 한다. 하고 싶은 일을 하다 보면 소득이 따라 오는 경우도 많다. 더 중요한 것은 단기간이 아닌 중장기적 아니 평생 현역이 될 수 있다. 경제적인 이유만으로 자신이 하고 싶은 일에 도전하지 못하면 결국 후회하게 된다.

일 이외 시간에 가족과 친구와의 시간을 늘려라. 가까운 사람이 소중하다는 것을 알지만 늘 우선순위 밖으로 밀린다. 가족 관계는 무엇보다 행복했던 경험의 축적이 중요하다. 그래서 일만 열심히 하다가 은퇴한 가장이 이제 시간이 많으니, 가족에게 관심을 가지려고 하면 늦은 것이다. 친구 관계도 유사하다. 특히 힘들어할 때 곁에 같이 있어주는 것만으로도 좋은 관계를 유지할 수 있다. 쉬운 실천 방법이 있다. 가족과 친구에게 가끔 연락해서 "저녁 함께할래?" 제안해보라. 밥값이 제일 싸고, 인간관계를 유지하는 최고 방법 중 하나다.

마지막으로 일 이외의 시간에 '도파밍'하자. 아무리 좋은 일 혹은 하고 싶은 일이라도 반복하다 보면 스트레스가 동반된다. 일에만 몰두하는 것은 육체적 건강뿐만 아니라 정신적 건강에도 악

영향을 미친다는 의학 보고서도 있다. 일에 전념하되 이외 시간에는 다양한 취미를 즐기는 것이 좋다. 서울대 김난도 교수는 그의 저서《트렌드 코리아 2024》에서 '도파밍'이라는 신조어를 발표했다. "도파밍은 도파민(Dopamine)[*]과 파밍(Farming)을 결합한 말이다. 도파밍은 즐거움을 가져다줄 수 있는 도파민이 분출되는 행동이라면 뭐든 시도하고 모아보려는 노력을 의미한다." 일이외에 재미를 추구하는 도파밍을 시도하면 더 이상 후회하지 않게 될 것이다.

"어떤 길들을 계속 따라가고 다른 길들을 포기해야 했다. 하지만 최악은 그것이 아니었다. 제일 나쁜 건 자신의 선택을 평생 의심하며 그 길을 가는 것이었다."《연금술사》라는 책으로 유명한 브라질의 소설가 파울로 코엘료(Paulo Coelho)의 후회에 관한 명언이다. 열심히 일만 해온 것을 후회하는 사람들이 한 번쯤 생각해볼 문구라고 생각된다. 이제 더 이상 너무 열심히 일한 것을 후회하는 삶을 살아서는 안 된다. 일의 의미를 다시 생각해보고, 앞의 세 가지 실천 방법을 꾸준히 시도하자. 후회가 아닌 보람으로 꽉 찬 삶은 나만이 만들 수 있다.

* 도파민(Dopamine) : 새롭고 재미있는 것을 경험할 때 분비되는 신경전달물질

인생의 새로운 변화에는 반드시 절실하고
무모함에 가까운 용기가 필요하다

TV에서 야생 동물들의 이야기가 나오면 유심히 보는 습관이 생겼다. 어미가 어린 새끼를 위해 사냥해온 먹이를 먹여주며 보살피는 모습은 인간 가족의 모습과 다를 바가 없다. 어린 새끼에게는 성장해서 혼자 사냥을 나가는 시점이 '새로운 변화'다. 처음 사냥을 나서는 어린 새끼는 얼마나 두려울까. 불행히도 아직 어려서 다른 포식자에 먹히는 예도 있지만 두려움에 사냥하러 나서지 않는다면 또한 굶어 죽는다. 인간도 두려움이 많은 존재다. 특히 은퇴를 앞두면 그 두려움이 더 크게 다가온다. 이러한 새로운 변화에 절실하고 무모할 정도의 용기가 필요한 이유다. 이번에는 두려움을 용기로 바꿀 방법을 살펴보고자 한다.

'변하지 않겠다'는 결심은 용기가 부족하기 때문이야

기시미 이치로·고가 후미타케의 저서 《미움받을 용기》는 청년과 철학자의 대화 형식으로 이루어져 있다. 변화하고 싶지만 두려워서 현재 있는 그대로 사는 것을 편하게 여기는 인간의 속성에 대해서 철학자는 말한다. "생활양식*을 바꾸려고 할 때, 우리는 큰 '용기'가 있어야 하네. 변함으로써 생기는 '불안'을 선택할 것이냐, 변하지 않음으로써 생기는 '불만'을 선택할 것이냐. 자네가 불행한 것은 과거의 환경 탓이 아니네. 그렇다고 능력이 부족해서도 아니고. 자네에게는 그저 '용기'가 부족한 것뿐이야. 말하자면 '행복해질 용기'가 부족한 거지."

매년 기업에서는 사업계획을 수립한다. 다양한 상황을 예측해서 여러 가지 시나리오가 나온다. 거기에 덧붙여서 '컨틴전시 플랜(Contingency Plan)'이라는 것을 추가 작성한다. 예측하기 힘든 불확실한 미래에 대응하기 위해 세우는 장기적인 계획, 정치, 경제, 사회, 국제 문제, 에너지 수급, 법률, 산업 구조 따위의 각종 선행 지표의 연구와 검토를 바탕으로 한다. 그럼 이러한 작업이 개인에게도 필요한 것일까. 직장 생활을 할 때는 향후 자신의 커리어패스(Career Path)를 위해서 자신만의 사업계획과 컨틴전시 플랜을 짜면 도움이 될 수 있다.

하지만 은퇴를 앞둔 사람이나 은퇴자는 하지 않았으면 한다. 사람은 변화하려는 변곡점에서 특히 두려움을 많이 느낀다. 그런 상황에서 향후 자신의 미래를 예측해서 시나리오를 작성하는 것은 오히려 불안을 키울 수 있다. 또한 복잡한 시나리오보다 자신이 좋아하는 일을 찾는 것이 더 중요하기 때문이다. 아쉽게도 일반적인 사람들은 새로운 변화보다는 익숙함을 선택한다. 불만은 있겠

---

* 생활양식 : 여기서는 삶에 대한 사고나 행동의 경향을 나타내며, 좁게는 성격에서부터 넓게는 그 사람의 세계관이나 인생관까지 포함한다.

지만 익숙함에서 편안함을 느끼며 살아간다.

그럼, 두려움을 극복하고 용기를 내려면 어떻게 해야 할까. '불만'이 아닌 '불안'을 선택할 수 있는 '용기'만 있으면 된다. 현실에서 그리 만만치 않다는 것은 잘 안다. 설사 지금 변화를 위한 불안을 선택한 것이 실패하더라도 배움을 통해서 '원하는 바를 이룰 수 있을 거야' 하는 믿음도 필요하다. 절실하면 통한다고 한다. 다소 무모하다고 생각하지만, 나중에 가면 '그때 정말 잘했어'라는 부러움을 사게 될 것이다. 용기 내기가 어려운 것이 바로 절실하고 무모하기가 쉽지 않다는 것이다. 스스로 새로운 변화를 위해 용기를 선택하는 순간, 이미 두려움은 사라진다.

두려움을 용기로 바꾼 사례 80세 할머니 패션모델

2022년 11월에 〈주간기쁜소식〉에 소개된 두려움을 이겨내고 런웨이에 서는 80세 할머니 최순화 모델의 이야기를 들어보자. 72세에 처음으로 모델학원에 간 그녀는 나이 때문에 걸음걸이와 자세를 교정하는 것이 무척 힘들었다. 국내 시니어 모델 최초로 서울패션위크 무대에 오른 후 패션쇼뿐만 아니라 잡지, 방송 광고 출연 등의 활동을 하고 있다. 최순화 씨는 당부한다. "70대에 내 꿈이 이루어졌고 이 일을 하면서 너무 행복하고 즐겁다. 나와 비슷한 많은 시니어에게 희망과 용기를 주는 존재가 되고 싶다. 누구든지 목표를 정했다면 망설이지 말고 도전했으면 좋겠다. 포기하지 않고 그 목표에 나 자신 전부를 담는다면 결과가 어떻든 간에 그 과정에서 즐거움과 보람, 의욕을 맛볼 수 있다."

최순화 모델 이야기를 통해 중장년의 두려움에 대해서 생각해본다. 먼저 '내 나이에 무슨'이라고 생각하며 나이가 많다고 위축되어 아예 시도조차 하지 않는 중장년이 많다. 나이에 대한 두려움이다. 어떻게 극복할 수 있을까. 타인의 시선을 의식하지 않고, 남과 비교하지 않으면 된다. 오히려 나이 든 사람이 아무도 가지 않은 길을 묵묵히 가는 모습에 대중들은 박수를 보내고 부러워할 것이다. 가고 싶은 길이라면 두려워하지 말고 그냥 뚜벅뚜벅 걸어가면 된다.

'내 능력으로는 안될 거야' 생각하는 경우도 있다. 회사 다닐 때는 개인별 업무 평가를 통해 능력의 순서를 매겼다. 그에 따라 연봉과 보너스가 달라졌다. 은퇴 후에는 누구에게도 평가받지 않아도 된다. 능력이 중요한 것이 아니라 좋아하는 것이 있느냐가 중요하다. 좋아하는 것을 찾으면 그것과 함께 천천히 시간을 보내면 된다. 설사 능력이 향상되지 않더라도 즐거움과 보람이 거기에 있다. 능력 있는 사람보다는 좋아하는 것을 가진 사람이 대우받는 다른 세계가 바로 은퇴다.

두려움을 용기로 바꾸는 실천 방법

두려움을 용기로 바꿀 실천 방법은 무엇이 있을까. 첫째, 스스로를 칭찬하고 격려하자. 은퇴 후 다양한 두려움이 밀려오는데 가장 큰 것이 외로움이 아닐까 싶다. 회사라는 조직에서 일과 사람으로 엮여 일상을 살았는데 벌판에 홀로 남겨진 것 같기 때문이다. 오히려 자신과 온전히 만날 좋은 기회다. "나는 잘해왔어. 그리고 앞으로 더 잘할 거야"라는 자화자찬이 필요하다. 누구보다 나 자신이 제일 잘 안다. 스스로가 인정한 자의식은 두려움이 비집고 들어올 틈이 없게 만든다.

둘째, 부족한 대로 시도하자. 나는 도서관에 가끔 간다. 좀 더 걷기 위해 엘리베이터 대신 계단을 이용하곤 한다. 계단과 계단 사이에 쓰인 글귀 하나가 나의 걸음을 멈추게 했다.

"시작하지 않으면 아무것도 시작되지 않는다(니체)."

"준비가 되면 할 거야" 하거나 고민하고 생각만 하는 사람이 의외로 많다. 완벽하게 준비하느라 시간을 허비하고 의욕도 점점 약해지기 마련이다. 먼저 저질러야 한다. 행동하지 않으면 시작하지 않은 것이다. 부족하지만 시도하려는 작은 용기로 출발하는 것만으로 이미 두려움은 사라진다.

셋째, 지금 두려움을 그대로 받아들이고, 향후 긍정적인 결과를 그려보자. 무엇이든 처음 할 때 어색하고 낯설다. 그래서 두려움이 생기고 실수도 한다. 꾸준히 하면 익숙해지고 잘하는 모습에 으쓱해지기도 한다. 물론 과정을 겪다 보면 난관에 부딪히게 마련이다. 그러나 생각보다 그리 커다란 걸림돌이 아님을 알게 된다. 시도하기 전에 지나치게 두려워할 필요가 없음을 자각하게 된다. 혼자 걸림돌을 제거하기도 하지만 어려운 경우 조력자가 나타나기도 한다. 만약 실패했다고 하더라도 스스로가 단단해지고 성장하는 밑거름이 될 수 있다. 슬픔보다 해냈다는 기쁨이 크다는 자신만의 소중한 경험은 시작 후 한참이 지나서다.

27년 수감 생활 후 노벨 평화상을 수상하고 대통령까지 지냈던 넬슨 만델라(Nelson Mandela)는 말한다. "용기란 두려움이 없는 것이 아니라, 두려움을 이기는 것이라는 걸 나는 알았습니다. 지금 기억나는 것보다 더 여러 번 두려움을 느꼈지만, 담대함의 가면을 쓰고 두려움을 감췄습니다. 용감한 사람은 무서움을 느끼지 않는 사람이 아니라, 두려움을 정복하는 사람입니다." 은퇴는 두려운 일임이 틀림없다. 그러나 스스로를 칭찬하고, 두려움에 맞서 시도하고 또 시도하면 두려움은 온데간데없이 사라질 것이다. 용기만 남아서 내 인생의 새로운 변화를 이끌 것이다.

은퇴하기 전에 은퇴 준비에 관한
공부를 해야 한다

"은퇴 준비 공부를 미리 하면 성공적인 은퇴를 할 수 있다고? 그러면 누구나 다 했겠지." 또는 "골치 아픈 은퇴 문제는 미리 걱정하지 않아도 돼. 사람은 닥치면 다해." 이런 식으로 은퇴 공부에 관해서 평가 절하하는 사람이 많을 것이다. 맞는 부분도 있지만, 바로잡아야 할 부분도 있다. 공부한다고 성공적인 은퇴가 보장되지 않는 것은 사실이다. 그럼에도 은퇴하기 전부터 은퇴 준비 공부는 반드시 필요하다. 은퇴 전 은퇴 준비 공부를 하면 어떤 좋은 점이 있는지를 알아보고, 은퇴 준비 공부를 위한 유용한 팁을 제시하고자 한다.

은퇴 전 은퇴 준비 공부가 필요한 이유와
은퇴 후 '진짜 공부'

'alldayfine.com'에서는 은퇴 준비 공부를 은퇴하기 전에 해야 좋은 이유 다섯 가지에 대해 다음과 같이 말한다. 첫째, 은퇴 후 더 많은 시간을 확보하는 데 도움이 된다. 여기서 말하는 시간은 은퇴를 위한 재정을 축적할 시간이다. 둘째, 은퇴 후 금융적 안정성 확보하는 데 큰 도움이 된다. 항상 성공적인 투자를 선택하지 못하더라도 손해를 만회할 수 있는 시간을 확보할 수 있다. 셋째, 은퇴 후 건강과 행복을 위함이다. 신체의 건강에 대해서도 계획적인 준비를 함으로써 건강한 행복을 추구할 수 있다. 넷째, 은퇴 후 더 많은 경험과 기회를 얻을 수 있다. 새로운 것들을 배우고 도전할 수 있으며, 자기 잠재력을 끌어낼 수 있다. 다섯째, 은퇴 후 가족과의 보상을 가져온다. 노후에 가족과 함께 보내는 시간을 늘릴 수 있고, 자녀들에게 더 많은 지원을 제공할 수 있다.

그럼, 은퇴 후 공부는 무엇이 다른가. 초중고 학창 시절의 즐거운 추억보다는 공부에 치여 보낸 기억밖에 없다고 아쉬워하는 사람도 많을 것이다. 그 후 대학입시, 직장에서의 승진 모두 시험에 합격하기 위한 공부였다. 은퇴 후 공부는 무엇보다 내가 재밌어서 하는 '진짜 공부'가 되어야 한다. 무슨 재미든 재미가 있으면 중도에 포기할 확률이 매우 낮다. 은퇴 후 공부는 평가받지 않아도 된다. 그동안 절대적 시간 부족으로 인해 할 수 없었던 자기만의 진짜 공부를 할 수 있는 황금 같은 기회가 바로 은퇴 후이다.

은퇴 후 진짜 공부의 또 다른 특징은 '성장'과 '나눔'이다. 재미로 시작한 진짜 공부는 지적 호기심을 해소하고 좀 더 다양한 분야에 관심을 가지면서 책, 강연 등을 포함한 배움이 이어진다. 배움을 통해 성장한 자신을 발견하며 풍요로운 인생을 살고 있다는 보람을 느낄 수 있다. 한 가지 더 욕심을 낸다면 자신의 성장을 다른 사람과 나눌 수도 있다. 자신의 진짜 공부를 남에게 공유할 수 있다면 자신에게는 기쁨이자 남에게는 큰 도움을 줄 수도 있는 것이다. 남에게 지식과 지혜를 전달하려는 목표를 가지는 것만으로도 진짜 공부를 대하는 태도가 달라질 수 있다.

'쓸데없는 공부'가 은퇴 후 '하고 싶은 일'이 될 수 있다

한국경제 칼럼 〈구건서의 은퇴사용 설명서〉(2023. 11. 22)에서 '쓸데없는 짓'이란 단어가 와 닿는다. "무엇을 배울지 결정할 때는 자신이 좋아하고 해보고 싶었던 분야가 좋겠다. 학생 때와 달리 은퇴 후에는 그냥 '아무거나' 새로운 분야를 접해보는 것도 좋다. 아무거나 이것저것 배우다 보면 자신이 잘하거나 신나는 무엇인가가 손에 잡힐 수 있다. 배워서 교수를 할 것도 아니고, 누구에게 폼 잡을 것도 아니라면 세상 사람들이 '쓸데없는 짓'이라고 할지라도 내가 좋다면 좋은 것이다. 나중에는 그 쓸데없는 짓이 노후의 좋은 취미가 되기도 한다. 무언가 시도하다 보면 새로운 길이 만들어지기도 한다."

공감이 간다. 나름대로 '쓸데없는 공부'를 하면서 다른 사람에게도 권하고 있다. '쓸모 있다'와 '쓸데없다'는 어떤 기준으로 누가 결정하는가. 은퇴 후에는 자기 자신이 기준을 정하면 된다. 무엇보다 중요한 것은 쓸데없는 공부를 지금 하고 있느냐다. 시도하지 않으면 자신이 좋아하는 것을 영원히 모를 수도 있다. 설사 쓸데없는 공부를 해서 정말로 쓸데없다는 결과가 나와도 실망할 필요는 없다. 좋아하지 않는다는 사실을 안 것만으로도 의미가 있기 때문이다. 그리고 쓸데없는 짓을 시도하면서 좋은 사람과 관계를 맺을 수도 있다.

은퇴를 준비하거나 은퇴 직후에는 새로운 여러 분야의 공부를 하는 과정에서 변화가 감지될 것이다. 바로 공부하는 분야의 숫자가 점점 줄어든다. 나도 은퇴 후 좋아하는 것은 무엇이든 배우려고 시도했다. 지나친 공부로 인해 몸에 문제가 되기도 했지만, 배움의 기쁨으로 인해 누구보다 행복했다. 그러나 지속해서 폭넓게 추구한다면 다양성 면에서는 좋지만, 분산되어 수박 겉핥기에 그치며 만족도가 떨어지는 경우가 생긴다. 바로 다양성에서 벗어나 정말로 하고 싶은 것, 하나에 집중할 시기가 도래한 것이다.

정말로 하고 싶은 한 가지에 몰두하면 갑자기 일상이 달라진다. 혼자 있어도 외롭지 않다. 누가 시키지 않아도 매일 일정한 시간에 그 일을 하고 있다. 몇 시간 동안 해도 피곤하거나 지루하지 않다. 여태까지 했던 공부나 일과는 전혀 다른 상황이 자신에게 일어난 것이 놀랍기까지 하다. 언젠가는 현재 하는 일이 '잘될 거야'라는 긍정적인 사고도 생긴다. 자신감과 더불어 확신까지 생긴다. 스스로 선택했던 하고 싶은 일은 중도 포기가 없고 꾸준히 나아간다.

은퇴 전 은퇴 준비 공부를 위한 유용한 팁 세 가지

은퇴하기 전에 은퇴 준비 공부를 위한 유용한 팁 세 가지를 소개하면 다음과 같다. 첫째, 은퇴 관련 책을 읽고 밑줄 친 문구를 필사하라. 먼저 책을 읽을 때 빨간 펜을 가지고 자신이 감동하였거나 좋은 문구라고 생각하는 것에 밑줄을 쳐라. 중요한 것은 밑줄 친 글을 필사하는 것이다. 물론 대다수는 귀찮아하거나 하지 않는 작업일 것이다. 책을 아무리 많이 읽어도 기억이 나지 않는다고 하면서 아예 책을 멀리하는 사람도 있다. 해답이 바로 여기 있다. 밑줄 친 부분을 필사하는 습관을 들이면 책의 내용이 머릿속에 상대적으로 오래 저장되고, 언제든지 꺼내 사용할 수 있다. 거기에 자신이 생각하는 의견을 첨가한다면 책 출판의 소중한 자료로 활용될 수도 있다.

둘째, 유익한 방송 콘텐츠를 활용하고 메모하자. 좋은 강연을 직접 가서 듣는 것이 좋지만, 비용과 시간이 문제가 된다. 요즘 좋은 콘텐츠가 매일 쌓인다. 어떤 것이 좋은 콘텐츠인지 나에게 맞는 것은 무엇인지를 찾아내는 능력이 필요하다. 같은 내용이라도 강연자가 누구냐에 따라 내용 이해와 감동이 달라지니 전문가도 잘 찾아야 한다. 보고 듣는 것에만 그쳐서는 안 된다. 램(RAM) 메모리처럼 전원을 끄면 데이터가 사라지듯 기억은 쉽게 사라진다. 전체 내용을 다 할 필요는 없지만 간략하게 메모하는 습관을 길러야 한다. 그 메모가 자신이 하고 싶은 일에도 도움이 될 수 있다.

셋째, 공부와 시도를 병행하라. 공부가 공부에 그쳐서는 안 된다. 공부한 내용을, 참여를 통해서 검증하는 과정이 필요하다. 만약 시도했는데 '이게 아니구나' 하며 기대하는 결과가 아닐 수도 있다. 그것도 좋은 공부이고 경험이다. 만약 틀렸다면 좋아하는 다른 분야 공부를 시작하면 된다. 만약 맞았다면 더 깊은 공부를 스스로 찾아갈 것이다. 공부하면서 시도를 통한 경험이 병행되어야 공부의 올바른 방향을 알 수 있다. 공부에만 빠지지 말고 세상과 마주하며 시도해야 하는 명확한 이유가 바로 여기에 있다.

"지적인 욕구가 있는 자만이 배울 것이요, 의지가 확고한 자만이 배움의 길목에 있는 장애물을 극복할 것이다. 나는 항상 지능지수보다는 모험지수에 열광했다." 미국 미식축구 선수 유진 윌슨(Eugene Wilson)의 말이다. 혹시 지금 큰 장애물이 자신이 공부하고자 하는 의지를 꺾고 있지는 않은가. 만약 그렇다면, '재미', '성장과 나눔'이라는 '진짜 공부'가 장애물을 쉽게 제거해줄 것이다. 세상 사람들이 '쓸데없는 공부'라고 생각한 것을 꾸준히 하면 진정으로 하고 싶은 일을 만날 수 있다.

새로운 시도와 변화에 빠른 적응을 위해서는 조기 은퇴가 유리하다

NH투자증권 100세시대연구소의 2021년 조사를 보면 "평균 51세에 조기 은퇴를 꿈꾸며, 목표 은퇴자산은 평균 13억 7,000만 원이다. 은퇴자산 달성을 위해 소득의 52%를 저축 및 투자하며 주된 투자 방법인 주식의 기대수익률은 연 16.5%"라고 한다. K-파이어(FIRE)족*의 조기 은퇴 가능성을 점검한 결과다. 누구나 일찍 직장을 그만두고 돈 걱정 없이 사는 파이어족의 인생을 꿈꾼다. 하지만 준비는 턱없이 부족해서 파이어족은커녕 은퇴조차도 생각할 겨를 없이 오늘도 바쁘게 살아간다. 만약 은퇴를 준비해왔고 그 시점이 왔다고 판단된다면, 정년까지 기다리지 말고 조금 빠른 은퇴를 권유한다. 조기 은퇴의 좋은 점과 고려할 점을 함께 살펴보자.

---

* K-파이어(FIRE)족 : 자본주의 키즈로 자라난 MZ세대는 적극적 투자를 통해 조기 은퇴를 꿈꾸는데 이를 K-파이어족이라 칭한다. 파이어족은 경제적 독립(Financial Independence)과 조기 은퇴(Retire Early)의 약자다.

조기 은퇴하려면

한국 리서치의 2021년 6월의 〈여론 속의 여론〉을 살펴보면, 희망 은퇴 연령을 물어본 결과, 20대와 30대의 평균 은퇴 희망 나이는 모두 59세였고, 40대는 이보다 높은 64세였다. 청년층과 분리되는 50, 60대의 경우 평균 은퇴 희망 연령은 각각 66세, 72세로 점점 늦어지는 양상이었다. 하지만 은퇴에 필요한 경제적 자산을 갖췄을 경우 조기 은퇴하고 싶은지 물어본 결과는 달랐다. 20대의 58%, 그리고 30대의 67%가 자산이 충분히 되면 40대 혹은 그 전에 은퇴하고 싶다고 답했다. 이유를 알아본 결과, 모든 연령대에서 '스트레스받지 않으려고', '편안한 삶을 살 수 있어서', '새로운 도전을 하고 싶어서' 등이 높은 응답을 받았다.

반면 50대 이상에서는 경제적 자산을 충분히 갖췄더라도 조기 은퇴하지 않을 것이라는 응답이 더 높았다. 이유로는 '회사에 다니면 규칙적인 생활을 할 수 있기 때문'을 꼽은 응답이 71%로 가장 많았고, '전반적인 회사 생활에 만족해서'가 52%, '회사에서 주는 일정한 수입에 만족해서'가 42%로 꼽혔다. 또한 어떤 사람들이 조기 은퇴 의향이 높을까? 임금근로자만 놓고 보면, 현 직장의 만족도가 조기 은퇴 의향에 영향을 미치는 것으로 보인다. 또한, 집단주의적 성향이 약한 사람, 상대적 박탈감이 큰 사람일수록 조기 은퇴 의향이 높은 것으로 나타났다.

필요한 경제적 자산 여부가 20대부터 40대까지는 조기 은퇴의 결정적인 요소임이 앞의 조사 결과로 밝혀졌다. 더 주목해야 할 것은 이유다. 스트레스받지 않고, 더 편안하게 살고 싶다는 의미는 현재 힘겹게 살아가는 직장인의 삶을 반영하는 듯하다. 과도한 업무와 스트레스로 건강이 안 좋아지거나 가족 혹은 친구와 보내는 시간이 부족해서 인생을 재설계하고 싶은 욕구가 MZ세대를 중심으로 강해지고 있기도 하다. 또한 새로운 도전을 하고 싶다는 비중이 그 뒤를 이었다. 정년보다 훨씬 이른 나이에 새로운 도전을 하고 싶다는 의지를 품고 있다는 것이 매우 긍정적이다.

흥미로운 것은 50대 이상에서는 충분한 경제적 자산이 있더라도 조기 은퇴하지 않겠다는 결과가 나왔다는 점이다. 왜 그럴까. 50대에 회사 다니며 일정한 수입이 있고 만족하다는 것은 매우 긍정적인 일이다. 문제는 은퇴는 누구에게나 반드시 찾아온다는 사실이다. 조기 은퇴하게 되었을 때 상대적으로 금전적인 손해와 직장이라는 소속감이 없어지면서 불확실한 미래에 대한 두려움이 더클 수도 있다. 그러나 현실에 안주하면 새로운 시도하기가 점점 어려워진다. 나이가 적을수록 변화에 적응하기 빠르다는 것은 부인하기 어려운 사실이다. 타의가 아닌 자발적인 은퇴를 하면 새로운 도전에 대한 의지가 강할 수밖에 없다. 선택은 늘 자신의 몫이다.

조기 은퇴하면 좋은 점

유튜브 채널 〈행복한 은퇴 생활〉을 보면 30대 중반 Y 씨의 사례의 경우 돈이 많아야만 조기 은퇴할 수 있다는 통념에 반한다. "수십억 원의 노후 생활비를 모두 마련한 뒤 은퇴하겠다고 생각했다면 시도조차 못 했을 것"이라며 "연봉과 커리어를 포기한 대신 건강과 가족이 함께하는 시간을 찾았다. 남의 기준에서 벗어나 독자적으로 삶을 개척하겠다는 '의지'가 더 중요하다"라고 덧붙였다. 조기 은퇴 후 좋은 점을 그는 이렇게 말한다. 첫째, 아침에 눈을 떴을 때, 하루가 기대된다. 둘째, 나 스스로 '재미있다'라는 말을 입 밖으로 낼 때가 많아졌다. 셋째, 저녁에 누울 때면 행복하다고 생각하게 된다. 넷째, 월요병이 사라졌다. 주말을 기다리지 않는다.

내가 조기 은퇴해보니 이런 점이 좋았다. 첫째, 상대적으로 빠른 은퇴로 인해 새로운 시도를 마음껏 할 수 있다. 보통 나이가 들수록 안정을 추구해서 새로운 도전에 주저하는 경향이 있다. 새로운 시도를 하려면 지금 잡은 줄을 놓아야만 다른 줄을 잡을 수 있다. 상대적으로 적은 나이는 새로운 시도에 대한 두려움이 적다. 또한 기존의 익숙함을 과감히 버리고 좋아하는 취미와 하고 싶은 일을 일찍 찾을 수 있다. 하고 싶은 일을 하면 자신의 기쁨도 있지만, 상대방에게도 행복 바이러스가 전달된다.

둘째, 은퇴라는 거대한 파도에 빠르게 적응하며 '서핑'까지 즐길 수 있다. 솔직히 은퇴는 두려움의 대상이다. 쓰나미 같은 파도가 밀려온다고 생각하는 사람도 많다. 무슨 일을 하더라도 자발적으로 해야 좋은 결과가 나오게 마련이다. 마지못해 타의에 의해 은퇴하게 되면 열정보다는 의욕이 꺾인다. 은퇴라는 신세계에서 적응하기가 어렵고, 적응한다고 하더라도 시간이 많이 소요된다. 스스로 결정한 은퇴는 적응을 빨리할 수 있다. 또한 거대한 파도를 이용해서 오히려 스릴 넘치는 서핑까지 신나게 즐길 수 있다.

셋째, 회사 중심에서 '나와 가족 중심'으로 방향 전환이 일찍 일어난다. 새로움이 없고 습관적으로 일한다고 느낄 때 과감히 내려놓아야 한다. 그래야 방향이 전환된다. 회사 중심에서 나와 가족 중심으로의 방향의 대전환이 인생의 새로운 도전이자 행복이다. 동료와 고객과 대면하기 껄끄러운 감정, 목표 대비 성과가 나지 않을 때의 초조함, 일요일 오후부터 월요일 출근에 대한 걱정 등 회사로 인한 스트레스는 조기 은퇴 후 즉시 사라진다. 그 후 자신만의 길을 찾고 걷게 된다. 또한 가족들과 충분히 보내지 못한 아쉬움을 여행, 식사 등을 통해 충분한 보상을 받을 수 있다.

조기 은퇴 시 고려해야 할 세 가지

연금포럼 강창희 대표는 그의 저서《오십부터는 노후 걱정 없이 살아야 한다》에서 주식으로 돈을 벌어서 조기 은퇴하는 사람에게 이렇게 말한다. "첫째는 그때 벌어둔 돈이 10년, 20년 후에도 유지가 되느냐다. 투자라는 것은 항상 성공하는 법이 없기 때문에 오히려 돈을 잃을 수도 있다. 둘째는 돈은 있는데 소일거리가 없으면 중년쯤 되어서 마음의 공허감을 느끼는 경우가 많다. 지금은 젊기 때문에 빨리 돈을 벌어서 빨리 은퇴하고 싶다는 생각을 가질 수 있다. 그러나 그렇게 하고 싶다면, 후반 인생에 무엇을 하며 살 것인가를 확실히 정해둘 필요가 있다."

은퇴 전에 조기 은퇴 시 고려해야 할 세 가지를 제시하면 다음과 같다. 첫째, 돈은 보수적 투자와 관리 위주로 운영하되 그렇게 큰돈이 필요하지 않다. 직장을 그만두면 매월 들어오던 월급이 들어오지 않는 불안함이 엄습한다. '일을 좀 더 했으면 좋았을걸' 후회도 여러 번 하게 된다. 조기 은퇴는 돈에 더 민감할 수밖에 없다. 과연 이 정도 금액이면 괜찮을까 계속 의구심이 들 것이다. 과감한 투자보다는 보수적 투자와 관리에 중점을 두고, 씀씀이를 줄여야 한다. 하고 싶은 일을 하면서 그렇게 큰돈이 필요하지 않다는 것을 느끼면 다소 돈 문제로부터 자유로워질 수 있다. 지금 보유한 재산에 상관없이 진정한 경제적 자유를 얻으려면 하고 싶은 일을 하면서 평생 현역을 시도하면 된다.

둘째, 공허감은 받아들여라. 조기 은퇴자는 은퇴로 인한 공허감이 훨씬 더 클 수밖에 없다. 현재 직장을 잘 다니고 있는 사람과 쉽게 비교가 되기 때문이다. "왜 그렇게 빨리 그만두었지. 무슨 문제라도 일으켰나?" 하는 의심의 눈초리가 더욱 힘들게 할 수도 있다. 공허감을 기꺼이 받아들여라. 오히려 상처는 커지지 않고 빨리 아물 수 있다. 상처는 딱지가 생겨서 떨어져나가면 그만이다. 그런 아픔이 남들보다 빨리 자신을 찾게 만들어줄 것이다. 자신이 중심이 되는 일상에서 공허감 대신 즐거운 소일거리가 많아질 것이다.

셋째, 좋아하는 취미가 새로운 친구 관계를 만들 수 있다. 조기 은퇴하면 애매한 것이 친구 관계다. 회사와 관련된 친분이 끊기게 되는 것은 당연하지만, 친구 사이에도 변화가 생긴다. 여전히 많은 친구는 직장 생활을 하거나 사업을 한다. 바쁘게 보내기에 만남이 점점 줄어든다. 더욱 큰 문제는 서로의 관심사가 크게 달라진다는 것이다. 만나도 서로 겉도는 이야기에 그치는 경우도 허다하다. 새로운 관계 형성에 나서야 하는 이유다. 좋아하는 취미를 통해 맺은 인연이 더 단단해질 수 있다. 공통 관심사가 있어서 만나면 지루할 틈이 없고, 다음 만남을 고대한다.

그만두기도 시작하기도 좋은 것이 '조기 은퇴'라고 생각한다. "이렇게 정년 퇴임하게 되는 저는 행운아라고 생각합니다." 인생 선배의 마지막 인사말이었다. 그 후 만나서 이야기를 나눌 기회가 있었다. "5년 정도만 일찍 은퇴했으면 좋았을걸" 하며 아쉬워했다. 왜 그런지 궁금했는데 이제는 알 수 있을 것 같다. 내가 그 시점에 조기 은퇴했기에 공감이 가지 않을까. 지금 잡고 있는 줄을 놓아야만 다른 줄을 잡을 수 있다. 이탈리아의 시인 단테(Dante Alighieri)의 한마디를 기억하자.

"그대의 길을 가라. 남들이 무엇이라 하든 내버려두어라."

은퇴 후에는 재미있게 살기로 결심했다

제1판 1쇄 2024년 6월 21일

지은이 서병철
펴낸이 한성주
펴낸곳 ㈜두드림미디어
책임편집 우민정
디자인 디자인 뜰채 apexmino@hanmail.net

㈜두드림미디어
등 록 2015년 3월 25일(제2022-000009호)
주 소 서울시 강서구 공항대로 219, 620호, 621호
전 화 02)333-3577
팩 스 02)6455-3477
이메일 dodreamedia@naver.com(원고 투고 및 출판 관련 문의)
카 페 https://cafe.naver.com/dodreamedia

ISBN 979-11-93210-84-0 (03190)